실패하지 않는 특별한 노하우 –

유튜브 생존 가이드

이기훈 · 서민호 공저

누구나 손쉽게 따라할 수 있는 실전 노하우!

- 유튜브가 좋아하는 알고리즘 이해
- 초보자도 성공하는 콘텐츠 만드는 비법
- 쉽게 따라할 수 있는 유튜브 영상편집과 자막 넣기

유튜브 생존 가이드

머리말

목 차

디시인사이드의 유튜브 갤러리, 애드센스 포럼, 네이버의 유튜브 카페, 현재는 폐쇄된 다음의 유튜브 카페 등의 게시글 중에 수많은 유튜버들의 생생한 유튜브 도전기를 확인할 수 있습니다.
덕분에 다양한 유튜버들의 처절한 실패담들을 볼 수 있었고 실패 원인에 대해 분석해 볼 수 있었습니다.

시중에는 많은 유튜브 책들이 출간되어 있는데 본인만의 성공방식에 대해 이야기하는 책들이 대부분입니다. 이 책은 유튜브를 시작하고서 6개월 이내에 업로드를 중단하거나 포기하고마는 99%의 평범한 유튜버들을 위해 집필하였습니다.

우리들은 유튜브에서 구독자 5만, 10만, 100만 등 구독자가 많은 채널의 영상들을 주로 시청하지만 그런 대형 채널들은 극히 일부분입니다. 하지만 그런 채널들만 보아왔기에 대형 채널이 흔해 보이고, 만만해 보이고, 유튜브에서 성공하는 것이 쉬워 보입니다. 하지만 누군가 농담삼아 이야기하시더라구요. 만약 100명이 유튜브를 시작한다면 6개월 이내에 150명(?)이 포기한다고요.
유튜브 크리에이터를 하는데는 돈이 많이 들지 않습니다만 시간과 정성이 어마어마하게 소요됩니다.
공무원 시험을 준비하는 과정과도 비슷한 것 같습니다.

시청자로 영상을 소비할 때에는 크게 신경쓰지 않았을 것입니다. 막상 유튜브를 시작한 후 시청자에게 영상을 보여줘야 하는 입장에서 영상을 직접 제작하는 경우 5분짜리 영상 하나 만드는데 최소 5시간 이상 걸린다는 사실에 놀라게 됩니다. 어느 유튜버 통계자료에 보면 유튜버가 영상 하나를 편집하는데 보통 6시간 정도 걸린다고 합니다.
체감상 1분짜리 영상 하나 편집하는데 1시간이 걸린다는 말입니다.
물론 수 개월 동안에 걸쳐 2시간짜리 영상을 찍는 영화에 비교할 바는 못됩니다만 그만큼 많은 시간을 투자해야 합니다.

성공한 1세대 대형 유튜버들의 '지금 시작하세요, 당신도 100만 유튜버가 될 수 있어요' 라는 말에 유튜브를 쉽게 생각하고 덤비면 안됩니다. 지금은 어지간한 콘텐츠로 성공하는 사람들은 별로 없으며, 절대 다수가 유튜브 시작 후 너무 많은 시간과 자원을 쓰면서 피나는 노력을 하고도 끝내 중도 포기하고 마는 안타까운 사례가 비일비재합니다.

성공하는 사람들보다 실패하는 사람들이 많습니다.
많은 정도가 아니라 99% 이상이 유튜브를 시작하고나서 머지않아 중도 포기하게 됩니다. 유튜브의 낮은 진입장벽으로 인해 누구나 유튜브에 동영상을 제작하여 올리는 것은 가능합니다.
유튜브 운영 정책에 위반되지 않는 한 누군가의 허락을 받을 필요도 없습니다.
이런 유튜브의 정책 때문에 지금도 그렇고 앞으로도 점점 많은 유튜브 낭인들이 생길 것입니다.

이 책을 여러 번 읽어보고 나서 유튜브를 시작한다면 일반적으로 겪게 되는 수많은 시행착오들을 모두 건너뛸 수 있습니다. 이미 수십만 명이 유튜브를 시작해서 다들 유사한 시행착오에 부딪혀 왔고 그런 실패 사례들은 온라인에서 쉽게 찾아볼 수 있습니다.
이 책은 그런 실패 사례들에 대한 대책을 제시하고자 분석하고, 필자의 생생한 경험을 녹여낸 책입니다.

유튜브 생존 가이드

유튜브 성공방식은 분명히 있습니다. 될성부른 사람이 실패하는 경우는 거의 없다고 봅니다.
물론 노력하는 것에 비해 너무나 초라한 성과를 얻은 채널은 존재합니다.
유튜브 성공의 본질은 간단합니다. 시청자를 내 영상에 최대한 오래 붙들어 두면 됩니다.
구독자들이 다시 찾게되고 스스로 공유하는 영상을 만들면 됩니다. 영상이 재미있거나 시청자에게 무언가 가치를 줄 수 있는 콘텐츠로 승부한다면 반드시 성공할 것이라고 생각합니다. 다만 유튜브 알고리즘의 장난에 의해 성공하는 채널이 되기까지 시간이 걸릴뿐입니다.

이 책을 통해 최대한 적은 시간과 비용으로 유튜브 채널에서 어느 정도 성과를 낼 수 있도록 다양한 방법을 알려드리려고 합니다. 사실 크리에이터로서의 기본기를 갖추는데 걸리는 시간은 굉장히 짧습니다.
최소한의 기본적인 내용들을 숙지하고 유튜브를 시작하시기를 바랍니다.

유튜브가 서비스를 시작한지도 벌써 10여년이 넘었고 요즘은 비싼 장비와 전문인력, 배우를 동원하고 사전 기획까지 준비하는 제대로 된 채널들이 등장하고 있습니다. 예전에는 깊은 지식없이 시작해서 시행착오를 겪어가며 점차 영상의 퀄리티를 높여가도 사람들이 시청해 주었다면 요즘은 제대로 준비하고 컨텐츠를 사전에 기획하고 제작하는 크리에이터들이 증가하고 있는 것이 일반적인 추세입니다.

여러분은 최소한의 유튜브 알고리즘의 이해와 기본적인 지식을 갖춘 상태에서 유튜브를 시작하길 바라는 바입니다.
이전에 유튜브를 시작했다가 포기했던 분들께도 이 책이 좋은 가이드가 되길 바랍니다.

추가 콘텐츠 및 유튜브 채널 소개

유튜브 알고리즘은 '양질의 시청시간'이라는 개념이 도입되면서 단순 수치상으로 파악하기 어려워졌습니다. 너무 전문적으로 알고리즘을 파고들어갈 필요는 없지만 그때그때 마다 변경되는 알고리즘에 대해 간단하게나마 파악하면 좀 더 영상의 확산을 늘릴 수가 있습니다.

때에 따라 변경되는 유튜브 알고리즘, 해외 유튜브 트렌드 등이 궁금하시다면 '유튜브팹' 채널
https://www.youtube.com/유튜브팹 을 참고해주세요

유튜브팹
구독자 4.99천명 · 동영상 53개

글만으로 따라하기 힘든 영상 편집이나 기타 프로그램 사용법을 영상과 함께 배우실 수 있습니다.

책이 출간된 이후에 추가되는 내용들은 네이버 카페 '유튜브팹' https://cafe.naver.com/jjukjong 에서 확인해주세요.

감사합니다.

☰ ▶ 유튜브 생존 가이드

≡ 머리말

▶ 목 차

01　유튜브 트렌드　　　　　　　　　　P008

1. 유튜브 최신동향　　　　　　　　　　P010
2. 모든 기업의 미디어화　　　　　　　　P014
3. 유튜브 활용법　　　　　　　　　　　P017
4. 유튜브를 시작해야 하는 이유　　　　　P019
5. 다양한 유튜브 콘텐츠 유형　　　　　　P020
6. 유튜브로 도피하려는 분들께　　　　　P038

02　시간 절약 영상제작법　　　　　　　P040

1. 마이크(녹음기)의 선택　　　　　　　P042
2. 카메라 사지마세요　　　　　　　　　P047
3. 후면 카메라로 촬영하는법　　　　　　P050
4. 영상편집 프로그램의 선택　　　　　　P053
5. 촬영 품질에 대한 생각　　　　　　　P056
6. 채널기획　　　　　　　　　　　　　P058
7. 영상 촬영 순서　　　　　　　　　　P064
8. 영상 제작 예시1　　　　　　　　　　P067
9. 영상 제작 예시2　　　　　　　　　　P071
10. 영상 제작 예시3　　　　　　　　　P073
11. Vrew를 통한 영상편집 매뉴얼　　　　P075
12. 뱁믹스 매뉴얼　　　　　　　　　　P088
13. 섬네일 쉽게 만들기　　　　　　　　P108
14. 섬네일 누끼 따는법　　　　　　　　P111
15. 저작권 없는 소스 구하기　　　　　　P113

▶ 유튜브 생존 가이드

03 유튜브 영상 업로드   P116
1. 유튜브 회원가입   P118
2. 영상 업로드   P124

04 유튜브 무료 온라인 강의   P128
1. 유튜브 크리에이터 아카데미   P130

05 유튜브 알고리즘 입문   P138
1. 유튜브 알고리즘의 이해   P140
2. 다른 유튜버들은 어떻게 유튜브할까?   P142
3. 유튜브 채널이 잘 안되는 이유   P143
4. 유튜브 성공방정식   P145
5. 꾸준히 영상을 올려야 되는 이유   P146
6. 유튜브가 좋아하는 영상   P147
7. 유튜브 확산 원리   P149
8. 초반 후킹   P150
9. 유튜브 정지 사유   P151
10. 콘텐츠 일관성   P152
11. 유튜브 실패하는 가장 큰 이유   P154
12. 초반에 영상 조회수가 안 나오는 이유   P155
13. 구독자 빨리 모을 수 있는 법   P156
14. 영상에 지루함 없애기   P157
15. 채널 초반에는 질보다 양이다   P159
16. 구독자 적은 채널의 어려움   P160

목차

06 유튜버들의 실전 팁   P162

1. 콘텐츠 찾는 법   P164
2. 소재 응용하기   P165
3. 영상편집의 중요성   P168
4. 자신의 매력을 높이는 방법   P172
5. 스트리머에게 제안하기   P174
6. 중국 1위 인플루언서의 콘텐츠   P175
7. 진정성이란 느낌을 주는 콘텐츠   P176
8. 콘텐츠 저작권 피하는 법   P178
9. 유튜브에 나를 던지는 사람들   P179
10. 고인물은 썩는다.   P180
11. 유튜브는 운이다   P181
12. 유튜브식 말하기   P182
13. 부족한 2% 채우기   P183
14. 유튜버 영향력의 한계   P184
15. 스튜디오 룰루랄라   P185
16. 업로드를 너무 오래 쉴 경우   P186
17. 영혼없는 영상   P187
18. 유튜브의 문   P189
19. 출연자 섭외   P190

07 분야별 심화학습   P192

1. 게임채널 운영시 참고사항   P194
2. 썰영상   P198
3. 짜깁기 채널의 최후   P199
4. 해외 채널 운영하기   P200
5. 식품 리뷰   P201
6. 콘텐츠의 세분화, 구체화   P202
7. 골목식당 콘텐츠 초반에 사용하는법   P205

▶ 유튜브 생존 가이드

08 유튜브 어뷰징   P208
1. 유튜브 어뷰징   P210
2. 유튜브 채널 매매시 고려사항   P213

09 유튜브 광고   P214
1. 유튜브 광고효과   P216
2. 페이스북 광고 무료 교육 사이트   P219
3. 커뮤니티 홍보방법   P220

10 내 영상 분석하기   P222
1. 유튜브 스튜디오 사용법   P224

11 유튜버의 수익모델   P230
1. 유튜버의 수익모델   P232
2. 유튜브를 통한 디지털 콘텐츠 판매   P234
3. 유튜브 채널 수익화 승인   P235

부록 내 영상 분석하기   P240
1. 후기와 짧은 팁 모음   P242
2. 3개월 안에 구독자 1000명 만들기   P247
3. 참고도서   P249
4. 유튜브 컨설팅의 실체   P253

 유튜브 트렌드

01
유튜브 생존 가이드
p008

 유튜브 트렌드
유튜브 생존 가이드

1. 유튜브 최신동향 — p010
2. 모든 기업의 미디어화 — p014
3. 유튜브 활용법 — p017
4. 유튜브를 시작해야 하는 이유 — p019
5. 다양한 유튜브 콘텐츠 유형 — p020
6. 유튜브로 도피하려는 분들께 — p038

유튜브 생존 가이드

다음 파트   자동재생

시간을 절약하는 촬영과 편집

유튜브 생존 가이드

02   p040

유튜브 영상 업로드

유튜브 생존 가이드

03   p116

유튜브 무료 온라인 강의

유튜브 생존 가이드

04   p128

유튜브 알고리즘 입문

유튜브 생존 가이드

05   p138

PART - 01 유튜브 트렌드

01 유튜브 트렌드

section 01 유튜브 최신동향

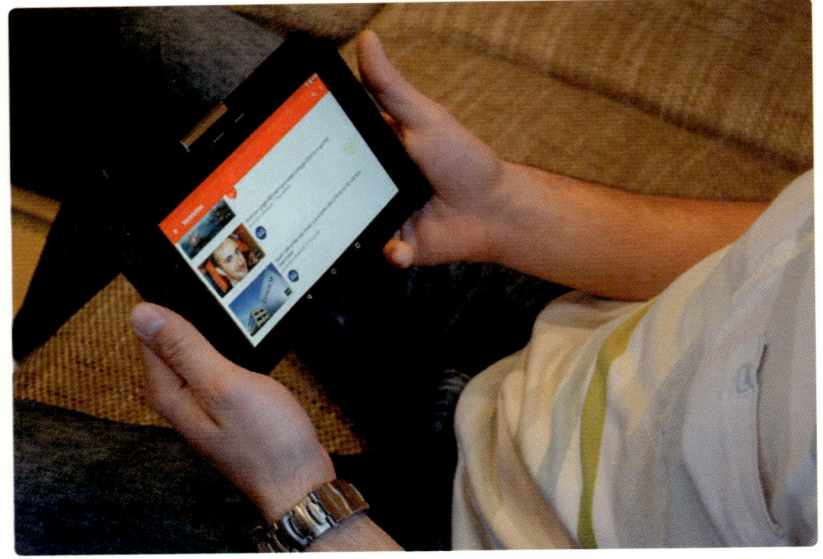

지금은 TV 예능보다도 유튜브가 대세이고 점차 영향력이 커지고 있으며, 신문이나 TV 등의 기존 매체는 점점 더 힘을 잃어가고 있습니다.
대신 그 자리를 유튜브가 빠르게 채워가고 있습니다. 사람들이 TV 앞에 머무르는 시간보다 스마트폰으로 유튜브를 시청하는 시간이 더 길어진지 오래입니다. 현재 남녀노소를 불구하고 많은 사람들이 가장 많은 시간을 소비하는 매체로 유튜브가 된지 오래입니다.

사람들이 많이 보는 매체에는 당연히 돈이 몰릴 수 밖에 없습니다.
TV나 신문 광고를 주로 하던 대기업들이 이제는 유튜브 광고에 더 많은 비용을 지출합니다. 광고를 하려는 기업들이 유튜브에 몰리면서 상승하고 있으며, 최근 구글이 공개한 연간 광고 수익은 구글 전체 매출의 약 10%인 연간 18조 원에 육박한다고 합니다.
유튜브 광고 단가도 치열한 경쟁에 의해 높아지고 있습니다. 유튜브 광고수익은 해가 갈수록 유튜브 자체 광고뿐만 아니라 유튜버들이 직간접적으로 영상에 상품 광고를 올리는 PPL 방식의 광고에도 기업들이 많은 예산을 책정하고 있습니다.

section - 01 유튜브 최신동향

TV 광고에서 멋진 연예인이 화장품 광고를 하는 것을 보고 사람들이 바로 화장품을 구매하지는 않습니다. 하지만 내가 좋아하는 유튜버가 화장품에 대한 생생한 사용 경험이나 리뷰를 올리면 즉각적인 구매가 일어납니다. 먹는 음식도 마찬가지입니다. 먹방 유튜버가 식당을 다녀가거나 음식을 리뷰하면 즉각적인 반응이 일어나곤 합니다. 모 유튜버가 프랜차이즈 업체 음식으로 먹방을 한 당일 감당할 수 없는 주문이 몰려 곤란함을 겪었다는 일화 , 온라인에서 파는 밀키트 식품을 리뷰하자 해당 업체에서 6개월간 판매할 판매물량이 단 하루만에 동났다는 일화 등 기존 상식으로는 이해하기 힘든 일들이 유튜브 세계에서 벌어지고 있는 게 현실입니다.

유튜버를 이용한 광고 효과가 기존 연예인을 이용한 광고보다 비용대비 효과가 크고 반응도 즉각적이라는거죠. 따라서 인기있는 유튜버들의 대우도 점점 좋아지고 있습니다.

몇 년 전의 일입니다. 광고 1편당 수억원을 받는 연예인과 인지도가 높은 유튜버가 같은 날 동시에 광고 영상을 유튜브에 업로드하였습니다. 연예인이 찍은 광고는 조회수가 수만 회에 그친 반면에 유튜버가 올린 광고는 수십만이 넘는 조회수를 달성했습니다. 유튜브를 잘 모르는 분들에게는 말이 안되는 결과일 것입니다. 연예인이 나오는 광고보다 유튜버들이 나오는 광고가 비용은 보다 저렴하면서 사람들의 반응을 훨씬 더 많이 이끌어낼 수 있다는 것입니다.

유튜브 시장이 만들어놓은 환경은 어린이들의 생활 환경까지 바꿔놓을만큼 그 파급력이 대단해지고 있습니다.

> ▶ 사람들이 많이 유튜브 영상을 봄
> ▶ 기업에서 사람들이 많이 보는 매체에 광고를 함
> ▶ 유튜버들 몸값 수직 상승, 유명 유튜버들은 연예인보다 수입 많음
> ▶ 유튜버란 직업이 확고해지고 관련 분야 산업이 커짐

사람들 대부분이 스마트폰을 사용하기 시작하였고 스마트폰의 인터넷 요금제가 저렴해지면서 부담없이 동영상을 시청할 수 있게 되었습니다.

TV나 컴퓨터는 이동 중이나 야외에서 사용이 어렵습니다. 그에 반해 스마트폰은 주머니에서 꺼내 바로 사용이 가능합니다. 스마트폰에 중독이 되어 항상 손에 스마트폰을 쥐고 있어야만 하는 사람들까지 생겼습니다. 그리고 많은 사람들이 일상에서 대부분의 시간을 스마트폰을 손에 쥔 채 유튜브의 콘텐츠를 시청하는데 사용합니다.

유튜브를 이용하는 사람들은 앞으로도 점점 더 늘어날 것입니다. 마케팅 전문가들은 향후 5년간은 유튜브가 동영상 플랫폼에서 독주할 것으로 예측하고 있습니다.

PART - 01 유튜브 트렌드

과거에는 먼저 제품이나 서비스를 만든 후 광고를 하고 판매를 시작하였다면 요즘은 거꾸로입니다. 먼저 고객을 모은 후에 그 고객에게 적합한 제품이나 서비스를 만듭니다. 판매는 이후입니다.

이때 고객을 모으는데 비용을 쓰는 경우도 있지만 페이스북 페이지나 유튜브, 블로그, 카페 등에 고객이 원하는 콘텐츠를 올려 고객을 모으기도 합니다. 그런 다음에 본격적으로 비즈니스를 시작합니다. 해외에서는 이런 방식을 콘텐츠 비즈니스라 합니다. 국내에서도 페이스북 페이지나 네이버 카페, 유튜브 등을 통해 활발하게 콘텐츠 비즈니스가 이루어지고 있습니다.

음식 관련 페이스북 페이지를 키우다 보니까 관련 기업에서 광고 제휴문의가 들어오고, 그러다가 해당 분야 사업을 시작하게 된 경우, 반려견 페이스북 페이지를 운영하다가 반려견 용품 판매를 시작한 경우, 육아 콘텐츠를 카카오스토리에 업로드하다가 커머스 기업을 시작하게 된 경우 등

유튜브를 시청자 입장에서 잘 활용할 수도 있습니다.
배울 수 있는 거의 대부분의 지식을 유튜브에서 얻을 수 있다고 해서 유튜브를 유선생이라 부르기도 합니다. 내가 무언가 알고 싶을 때 유튜브에 검색해보면 대부분 해당 내용을 찾아볼 수 있습니다. 만약 영어권 영상까지 포함한다면 배우고 싶은 내용이 유튜브에 검색되지 않는 경우는 거의 없을 정도라고 해도 과언이 아닙니다.

유튜브는 글이 아니라 영상이기 때문에 훨씬 더 이해가 빠르고 보는 사람에게 더 큰 영향을 줍니다. 사람들에게 슬픈 감정을 느끼게 하고 싶을 때는 노벨문학상 수상자의 1장짜리 글보다 슬프게 울고 있는 어린이 사진이 사람의 마음을 더 흔든다는 이야기가 있습니다. 그리고 사진보다는 아이가 울고 있는 영상이 훨씬 더 사람의 감정을 크게 흔듭니다. 유튜브의 영상 콘텐츠들은 사람들에게 효과적으로 학습할 기회를 주고 보다 많은 것을 체험하게 해줍니다.
앞으로는 콘텐츠와 채널의 가치가 시청자들에게 검증만 된다면 성장 속도는 더욱 빨라질 것입니다.

PART - 01 유튜브 트렌드

section 02 모든 기업의 미디어화

'모든 기업은 미디어 기업으로 변모할 것이다.'
콘텐츠 마케팅에 대한 전문가의 말입니다. 기업들이 지금은 유튜브를 포함한 각 SNS의 인플루언서들에게 광고를 의뢰하지만 앞으로는 유튜브와 같은 미디어를 직접 적극적으로 운영하게 될 것입니다. 어떤 회사는 외부에서 보았을 때 미디어 회사란 느낌을 줄 정도로 말입니다.

 MUSINSA TV
구독자 13.6만명 · 동영상 199개
무신사가 만드는 패션 채널. 무신사TV.

●〈무신사TV 채널〉

패션 쇼핑몰 '무신사'의 유튜브를 보면 단순 제품 소개나 회사 소개를 넘어서 오리지널 콘텐츠로서 영상들을 기획제작하여 업로드하고 있습니다.

'무신사 MD가 추천하는 가성비 운동화', '여자들이 좋아하는 남친룩', '모델 한현민 옷장 최초 공개', '회사 직원들의 출근룩', '신발 세탁&복원하는 법' 등
무신사는 '무신사 웹진'이라는 패션 커뮤니티로 시작해서 콘텐츠로 사람을 모은 다음 커머스를 추가한 회사로 이번에는 웹진이 아닌 유튜브를 통해 콘텐츠를 퍼트려 사람을 모으는 중입니다.

> ▶ 무신사TV의 유튜브 활용법
> 유튜브란 플랫폼에 영상 콘텐츠를 올립니다.
> 그 영상은 패션에 관심있는 무신사의 잠재고객들이 좋아할 만한 영상들입니다.
> 영상 콘텐츠를 통해 앞으로 무신사의 제품을 소비할 가능성이 큰 집단을 모으고 브랜드를 각인시킵니다.

section - 02 모든 기업의 미디어화

고등학생 간지대회Highschool Styleicon
구독자 13.3만명 · 동영상 170개
스무 살은 너무 늦다, 고등학생 간지대회.

● 〈고등학생 간지대회 채널〉

'고등학생 간지대회'는 '블랭크코퍼레이션'이라는 커머스 기업에서 운영하는 유튜브 채널입니다.
이 채널은 '슈퍼스타K', '쇼미더머니' 같은 서바이벌 오디션 프로그램이 주요 킬러 콘텐츠입니다.
유명 연예인들도 영상에 참여하였고 공중파에 방송되었던 서바이벌 오디션 프로그램과 비교해도 떨어지지 않는 퀄리티로 제작하였습니다. 아마 많은 전문가들과 비용이 투자되었을 것입니다. 단순히 기업 홍보목적으로 유튜브를 운영한다기에는 과한 투자라고 생각됩니다.

많은 비용을 투자한 것은 아마 이런 이유일 것입니다. 유튜브로 기업을 홍보하기는 힘듭니다. '블랭크코퍼레이션'이라는 회사의 팬을 만들기도 쉽지 않습니다. 기업 자체만을 홍보하면 흥미를 갖을 분들이 극히 드뭅니다. 하지만
'고등학생 간지대회'라는 엔터테인먼트 콘텐츠로는 잠재고객인 팬을 만들기가 훨씬 쉽습니다.
기업 홍보채널 중 하나로서 유튜브 채널을 운영하는 것이 아니라 미디어콘텐츠 회사로서의 시작으로 보여지기 때문입니다.

블랭크코퍼레이션에서 기존에는 광고를 위해 SNS 인플루언서에게 비용을 지불했다면 이제는 블랭크코퍼레이션에서 제작한 콘텐츠를 케이블 TV에 팔거나 다른 패션회사들의 광고를 이 채널을 통해 의뢰받을 수 있을 것입니다.

'무신사', '블랭크코퍼레이션' 이 두 회사는 큰 회사이고, 그렇다면 작은 회사의 경우는 어떨까요?
미디어에 의해 기업이 난도질당한 사례를 아마 기억할 것입니다.
거의 모든 만두공장들을 위기에 몰아 넣었던 '쓰레기 만두파동', 너무나 빠르게 망해버려서 프랜차이즈 업계 신기록을 세웠다는 '대만 카스테라 식용유 파동', 원래 황토 안의 고유 성분인 자철석이 쇳가루라고 잘못 보도되어 순식간에 몰락해버렸던 '김영애씨의 황토팩 사업' 식용유 치즈가 보도된 이후 식용유 치즈를 쓰지 않았음에도 불구하고 싸잡아 비난받았던 '수많은 피자 회사들'.
만약 그들에게 자신의 입장을 대변할 수 있는 소통채널과 두터운 팬층이 있었다면 그렇게 한순간 일방적인 미디어의 공격에 의해 무너지지 않았을 것입니다.
유튜브와 같은 미디어 채널을 운영하면 우리 회사의 팬들을 쉽게 구축할 수 있습니다. 그냥 팬이 아니라 우리 회사가 공격받았을 때 우리의 입장을 대변해 줄 수 있는 사람들 말입니다. 우리 회사 브랜드를 좋아해주고 아껴주는 사람들을 많이 만들 수 있습니다.

15

PART - 01 유튜브 트렌드

지금 유튜브를 시작하신다면 운이 좋을 경우, 작은 회사는 유튜브가 본업보다 더 커져서 미디어 회사로 변모할 수도 있을 것입니다. 장난감 제조업체가 키즈 유튜브 채널을 통해 미디어 회사로 변모하였던 것처럼 말이죠.
현재 유튜브를 이용하는 사람들은 폭발적으로 증가하고 있지만 기업들은 상대적으로 관심을 덜 갖고 있기 때문에 기존의 마케팅 방식만을 고수하지 말고 적극적으로 뛰어들어야 합니다. 아마도 2022년쯤 되면 '일단 유튜브를 시작하고 개선해 나가는 방식' 이 더 이상은 통하지 않을 것입니다.

현재 채널 초기임에도 모든 준비를 갖춘 채 거의 완벽한 퀄리티로 영상들을 제작하는 채널들이 있습니다. 유튜브 1세대처럼 일단 시작하고 부족한 점을 개선해나가면서 구독자를 모으는 상황이 점점 힘들어지고 있습니다. 아직까지는 어느 정도 만반의 준비를 하고 나서 시작하고 개선시켜 나가는 것이 가능합니다.

작은 회사는 마케팅에 많은 시간과 비용을 들이기 힘듭니다. 하지만 투입한 시간과 비용대비 효과가 확실하다면 어떨까요? 작은 회사라도 미디어 채널을 운영하고 고객들이 관심있어 할만한 콘텐츠를 꾸준히 제작한다면 채널을 통해 돈이 될 수 있는 잠재 고객들을 확보할 수 있습니다. 제품개발이나 브랜드의 방향성에 대해 고객과 소통할 수 있는 귀중한 창구로도 쓰일 수 있구요.
앞으로 대기업이든 소기업이든 개인 사업자이든 유튜브 마케팅과 유튜브 채널을 통한 미디어 운영은 필수인 시대라는 것은 누구도 부인할 수 없을 것입니다.

section 03 유튜브 활용법

유튜브를 시청자 입장에서 제대로 활용하는 방법을 알려드리겠습니다.

- 영상을 시청한 후 채널이 마음에 들고 지속적으로 영상을 확인하고 싶을 때 구독 버튼을 누릅니다.

- 특정 분야 영상을 모아보고 싶을 때는 나만의 재생목록을 만듭니다.

- 영상을 시청한 후에는 꼭 좋아요나 싫어요를 눌러서 본 영상인지 보지 않은 영상인지 체크를 해놓습니다.

- 마음에 드는 유튜버가 라이브 방송을 할 때에 슈퍼챗을 보내는 경우도 있을 겁니다. 슈퍼챗은 1000원으로는 메시지를 보낼 수가 없고 2,000원부터 채팅창에 메시지를 보낼 수 있습니다. 자신의 한시간 수입 이하의 금액 정도만 사용하길 권장합니다.

- 오프라인에서는 특정분야 전문가인데 영상편집이나 유튜브 문법을 몰라 구독이나 조회수가 낮은 채널들이 있습니다. 적극적으로 소통하고 질문하십시오.
크리에이터의 전문성은 유튜브 구독자 수와 비례하지 않습니다. 물론 구독자 수가 많은 채널은 실력이 있는 분들이지만 구독자 수가 없다고 해서 실력이 없는 분들이 아닙니다. 유튜브 구독자가 많은 분들은 일정 수준 이상의 실력을 바탕으로 유튜브를 잘 활용하기 때문에 구독자가 많은 것입니다. 제가 구독하고 정보를 얻는 유튜브 채널 중에서는 구독자 1000명 내외의 채널도 있습니다. 제공하는 정보는 좋습니다만, 전달방식이 세련되지 못합니다. 즐거움을 얻기 위해 예능으로 영상을 보는게 아니라 필요한 지식을 얻기 위해 해당 채널 영상을 본다는 것을 명심해야 합니다.

PART - 01 유튜브 트렌드

- (•) 유튜브 광고를 제거해주는 유튜브 프리미엄 서비스를 결제해보세요. 광고 공부를 하기 위해 유튜브 광고를 시청한다는 분도 있습니다. 유튜브를 많이 보신다면 광고에 뺏기는 시간이 상당합니다. 영상을 보는 중간에 광고가 뜨기도 합니다. 시간이 여유로운 분이 아니시라면 유튜브 프리미엄 결제하시고 광고 시청용 유튜브 아이디를 따로 만드십시오. 그리고 유튜브 프리미엄을 신청하고 유튜브 영상을 보면 내 프리미엄 결제 금액의 일부가 영상을 제작한 유튜버에게 전달됩니다. 유튜브 프리미엄을 신청하면 유튜브 뮤직 앱도 사용 가능합니다. 유튜브 뮤직 앱은 유튜브 인공지능이 내 시청 기록을 바탕으로 좋아할 만한 음악을 추천해 줍니다. 나의 취향에 대한 분석이 놀랍도록 정확해서 유튜브 뮤직 앱이 추천하는 음악이라면 일단 믿고 들어볼 수 있습니다.

- (•) 유튜브 프리미엄 결제비용을 아끼기 위해 인도처럼 화폐 가치가 낮은 국가의 계정으로 유튜브 프리미엄을 결제하여 보다 저렴한 비용으로 이용하는 사람도 있습니다. 네이버에 '유튜브 프리미엄 인도' 등으로 검색하시면 자세한 방법이 나옵니다. 앞으로 유튜브 채널을 운영할 계획이 있는 사람들에게는 혹시라도 계정에 어떤 문제가 생길지 모르기 때문에 이용하지 마시길 권해드립니다.

- (•) 그리고 유튜브를 보는 다수가 아니라 유튜브를 보여주는 소수가 되어야 합니다. 유튜브는 영상을 보는 사람이 돈을 버는게 아니라 유튜브에 영상을 올리는 사람이 돈을 법니다. 유튜브는 진입장벽이 높지않아 누구나 시작할 수 있습니다. 보는 사람이 아니라 보여주는 사람인 정보 제공자가 되십시오.

section 04 유튜브를 시작해야 하는 이유

유튜브는 하나의 거대한 온라인 생태계라고 할 수 있습니다. 스마트폰이 등장하면서 앱, 스마트폰 악세사리 등 관련 시장이 생긴 것처럼 유튜브로 인해 관련 비즈니스 생태계가 만들어질 것입니다. 이 기회를 이용해 누군가는 막대한 인지도를 바탕으로 엄청난 영향력을 얻을 것입니다.

또한 유튜브를 시작하면 영상을 촬영하고 편집하는 과정에서 재미를 느낄 수 있습니다. 사람은 누구나 창작하는 것을 좋아합니다. 자신이 만든 영상을 보고 스스로 만족감(?)도 얻을 수 있고 시청자들의 긍정적인 댓글들을 보다 보면 참 즐겁습니다.

얼마 전의 일입니다. 구독자 4,000명 가량인 특정 분야에 전문성을 가진 유튜버가 유료 세미나를 여는데 5일만에 400명 가까운 분들이 참여하고 신청까지 마친 경우를 본 적이 있습니다.
내게 어떤 지식이 있다면 그것을 콘텐츠로 만들어 유튜브를 통해 나의 지식을 돈으로 바꿀 수 있습니다. 또한 유튜브에는 광고수익과 함께 여러 가지 수익창출할 수 있는 기회가 많습니다. 이외에도 유튜브를 시작해야 하는 이유는 너무나 많습니다.

그리고 나중이 아니라 지금 유튜브를 시작해야 하는 이유를 말씀드리겠습니다. 시간이 흐를수록 많은 분들이 유튜브를 하는 것이 쉽다는 진실을 알게 될 것입니다. 그리고 어떻게 하면 안정적으로 유튜브를 할 수 있는지에 대한 정보도 많은 사람들이 알게 될 것입니다. 특히 지금 어린 친구들은 태어났을 때부터 스마트폰과 유튜브, 틱톡과 같은 영상매체를 접하면서 자라났습니다. 이 친구들이 유튜브에 본격적으로 참여하기 시작하는 시기가 온다면 건성으로 콘텐츠를 만들어서는 성공하기는 매우 힘듭니다.

사실 지금은 정보성 유튜버의 경우 성의없이 제작하더라도 내용이 충실하면 안정적으로 수익모델을 만들고 유튜브를 운영할 수 있는 시기입니다. 이 시기는 2022년쯤이면 닫히고 그 다음부터는 정말 제대로 준비한 다음 유튜브를 시작해야 할 것입니다. 네이버 카페, 네이버 블로그, 페이스북, 인스타그램, 카카오스토리 등 모든 매체들은 초기에 진입하는 것이 가장 쉽습니다. 같은 노력을 기울이더라도 초기에 진입하는 사람들과 성숙기에 진입하는 사람들의 결과가 10배 이상 차이납니다. 아직은 유튜브가 초기 시장으로 보입니다. 사람들이 유튜브하는 것을 어렵게 생각하고 당설일 때 유튜브에 빨리 진입하십시오. 사람들의 신뢰를 쌓고 무언가 판매하는데 유튜브는 최고의 툴입니다. 또한 자신을 브랜딩하는데도 유튜브가 가장 효과적입니다.

간단하게 말씀드리면 유튜브를 지금 시작한다면 훨씬 적은 노력으로 돈을 벌거나 영향력을 행사할 수 있게 될 것입니다.

PART - 01 유튜브 트렌드

section 05 다양한 유튜브 콘텐츠 유형

유튜브를 처음 시작할 때 어떤 분야를 선택할지 많은 고민이 되실 것입니다.
아래에 다양한 유튜브 콘텐츠 유형을 나열해 보도록 하겠습니다.

게임 콘텐츠

게임을 하는 영상을 재미있게 편집하거나, 게임에 관련된 정보를 큐레이션하여 업로드합니다.
게임을 좋아하는 사람들이 가장 많이 접근하는 콘텐츠 카테고리입니다.
게임 실력이 좋다면 장점이 될 수도 있습니다만 남들보다 뛰어나게 잘 해야 합니다.
그게 아니라면 영상을 최대한 재미있게 편집해야 하는 것이 기본입니다.

● 〈 T1 Faker / 페이커의 주먹왕 세트 세트 세트로 사고 싶은 페이커 〉

유명 프로 게이머들의 영상은 해당 게임을 좋아하는 사람들이 관심을 가지고 클릭합니다.
만약 본인이 프로 게이머라면 손쉽게 채널을 키울 수 있지만 그게 아니라면 재미를 주거나
그 게임에 관련된 팁들을 올려야 합니다.

어떤 게임을 선택하느냐가 무척 중요합니다. 인기없는 인디게임을 주제로 몇 년째 유튜브
채널을 운영하시는 분이 있습니다. 구독자와 조회수도 낮을뿐더러 안타까운 점은 이 유튜버는
특정 분야의 게임 실력이 뛰어나고 영상도 상당히 잘 만들었습니다. 만약 이 분이 해당 게임
분야에서 인기있는 게임을 선택하였다면 구독자는 지금보다 상당히 많아졌을 것입니다.

같은 재능을 가지고 있는 사람이 유명 게임인 '리그오브레전드'를 하는 것과 모바일게임
순위에서조차 들지 못하는 게임을 했을 때 어떤 차이가 날까요?
유튜브 채널을 운영하는 시간이 길어질수록 그 차이는 기하급수적으로 벌어지게 될 것입니다.
유명 게임 유튜버가 인디게임으로 영상을 찍어서 인기를 끄는 경우는 어떤 경우인지 물어볼
수도 있을 것입니다.

유명 유튜버이기 때문에, 높은 인지도를 바탕으로 게임 영상을 찍어서 인기를 끄는 겁니다. 일단 시청자들은 본인이 아는 유튜버가 게임을 시작하니 어느 정도는 믿고 봐줍니다. 그리고 재미있다면 영상을 오래 시청하겠죠.
하지만 유명하지 않은 사람이 인기없는 게임을 한다면 시청자가 그 영상을 볼 어떠한 이유도 없습니다.

게임을 선택하실 때는 사람들이 유튜브에서 많이 검색하는, 즉 조회수가 많이 나오는 유명 게임을 선택하시길 바랍니다. 또는 인기를 끌 것 같은 게임을 선택하시면 됩니다. 혼자 하는 게임보다는 여러 명에서 게임을 하여 경쟁을 부추기는 요소가 있고, 많이 하면 할수록 실력이 늘어나며 어느 정도 깊이가 있는 게임이 좋습니다. 그 게임이 뜰지 말지는 요즘 같은 경우 제작사를 보거나 그 게임이 해외에서 어느 정도 인기가 있는지, 게임 웹진 등의 기대평, 사전예약 상황, 광고 규모 등을 참고하시면 됩니다. 해외 게임같은 경우는 전세계에서 동시에 런칭하는 경우도 있지만 먼저 해외에서 런칭하고 국내에 들여오는 경우가 많습니다. 사전에 어느 정도 반응을 얻을 수 있는 게임인지 예측 가능합니다.

게임 유튜버는 게임 선택이 무엇보다도 중요합니다.
그리고 게임 유튜브를 선택하는 가장 큰 이유가 내가 게임을 좋아하고 게임이 재미있기 때문일텐데 내가 게임하는 장면을 남이 보았을 때에도 재미가 있어야 한다는 것입니다.
slither.io라는 게임이 있습니다. 스마트폰 게임이고 우리나라에서는 '지렁이 키우기'라는 이름으로 불리는 게임입니다. 유튜브에 '지렁이 키우기'로 검색하면 다양한 영상이 나옵니다. 이 게임은 규칙이 굉장히 단순합니다. 유튜브에는 이 게임만으로 짧게는 10분 길게는 1시간 가까이 만든 영상들이 많습니다.

조회수가 많은 영상들을 보면 유튜버들이 게임을 하면서도 쉬는 타이밍없이 계속 떠듭니다. 오디오가 비는 구간이 없습니다. 게임 유튜버들은 게임도 하면서 시청자들에게 게임 상황을 재미있게 이야기해 줘야 합니다. 결코 쉽지 않은 일입니다. '지렁이 키우기' 게임을 하면서 동시에 말하는 것을 연습해보면 게임 유튜버의 어려움을 이해할 수 있을 것입니다. 그리고 '지렁이 키우기' 게임 영상들을 보다 보면 유튜버들의 방송 진행 능력이 얼마나 차이나는지 알 수 있습니다.

● 〈대정령 / [PD대정령] 160422 지렁이 키우기-1〉

대정령님이 거의 한 시간 가량 이 지렁이 게임을 가지고 시청자들에게 재미를 주며 플레이하는 모습을 참고해 보세요. 나 혼자서 게임을 재미있게 하는 건 쉽습니다. 하지만 게임을 보는 사람들에게 재미를 주기란 상당히 어려운 일입니다.

그리고 게임 유튜버 중에서 본인의 실력이 안되는 분들 중에서는 유명 프로게이머나 실력자들의 게임 리플레이를 가지고 편집하여 영상을 만드는 경우가 많습니다. 유튜브에서 '페이커'로 검색하시면 정말 많은 페이커 선수의 게임 영상이 나옵니다. 그 중 상당수는 유튜버들이 수익을 위해 영상을 편집해서 올린 영상들입니다.

유튜버 중에서는 몇 개월간 본인의 게임 영상을 재미있게 편집해서 올렸는데 아무 소득도 얻지 못하다가 유명 게이머의 영상들을 편집해 올리면서 채널이 떡상하기도 합니다.

● 〈G식백과 / [블리자드 대참사]리포지드 깐프사태, 주범을 찾아라〉

게임하는 영상이 아니라 게임 정보를 편집하여 올리는 분들도 있습니다.
G식백과, GCL 지씨엘, 게임넛 등이 유명합니다.

게임하는 콘텐츠보다는 성공확률이 높습니다. 영상이 재미없어도 사람들이 필요한 정보를 얻기 위해 영상을 끝까지 봐줍니다.

게임하는 것보다 게임 이야기하는 것을 좋아한다면 게임 정보 편집 유튜버도 추천드립니다.

section - 05 다양한 유튜브 콘텐츠 유형

● 〈지존조세 / [배틀그라운드]핵 때문에 당하고 있다? / 배그 정보〉

게임리뷰만 전문적으로 진행하는 유튜버들도 있습니다. 지존조세님이 대표적인 게임 리뷰 유튜버입니다. 한가지 게임으로 계속 영상을 만드는 것이 아니라 매번 새로운 게임을 직접 해보고 리뷰 영상을 만듭니다.

직접 게임을 장시간 해보고 영상을 만들어야 되기 때문에 하나의 영상을 만들 때마다 많은 시간이 소모됩니다. 어중간하게 재미를 준다면 구독자를 늘리기란 결코 쉽지 않습니다.

지존조세님같은 경우 정말 재미있게 게임 영상을 만듦에도 불구하고 구독자 수를 1만명까지 확보하는데 상당히 오랜 기간이 걸렸습니다. 일반적인 종합게임 리뷰 유튜버와는 달리 다양한 방식으로 본인 캐릭터를 브랜딩하여 충성 구독자를 많이 모았고 기본 영상 조회수가 밑바탕이 된 다음에는 매우 가파르게 성장한 케이스입니다.

일반적으로는 성공확률이 굉장히 낮은 분야가 종합게임 리뷰 채널입니다. 요즘은 직접 게임을 하지 않고, 해외 게임 리뷰 영상들을 저작권 위반에 걸리지 않도록 교묘히 편집해서 쉽게 영상을 만드는 분들이 늘어나고 있습니다.

개그(몰카), 상황극 콘텐츠

● 〈낄낄상회 / [몰카]Eng Sub) 목사님 스님이 부랄친구라면? 약빤 몰카 ㅋㅋ 옆 테이블 미녀들은 무슨 죄?〉

재미있는 개그 영상을 올리는 유튜버입니다. 다른 사람을 웃긴다는 것은 어려운 일입니다.

유명 개그맨이 한 이야기가 있습니다. 대학교 다닐 때 본인이 무엇을 하든 친구들 사이에서 빵빵 터졌다고 합니다. 그래서 처음 소극장 무대에 섰을 때도 쉽게 관객을 웃길 수 있다고 생각했는데 반응이 너무 썰렁해서 굉장히 충격을 받았다는 이야기였습니다.

23

PART - 01 유튜브 트렌드

아는 사람들끼리는 쉽게 웃습니다. 내가 아는 사람이 재미있는 이야기를 하니까요.
하지만 생판 모르는 남들을 웃기는 건 진검승부입니다. 정말 재밌어야 웃습니다.
그 대안으로 많이 기획하는 콘텐츠가 몰카 콘텐츠입니다. 예전 '이경규의 몰래카메라'
방송을 기억할 것입니다. 실제 상황을 만들고 연예인들의 예상치 못한 반응을 보는거죠.
유튜브란 매체에서 시청자가 좋아할 수 밖에 없는 영상입니다. 예상치 못한 반응과
기대심리가 핵심입니다.

● 〈동네놈들 / ENG] IND] CN][몰카]헬스장 몰카3ㅋㅋㅋ마지막으로 나타난 약빨은 회원 ㅋㅋㅋㅋㅋ [동네놈들]〉

유튜브에서는 예측을 벗어나는 요소가 굉장히 중요합니다. 예측한 대로 흘러가는 영상들은
시청자들의 이탈을 부추깁니다. 하지만 몰카라는 콘텐츠는 시청자들에게 예측불가능하게
함으로 인한 기대감을 줍니다. 과연 저 사람은 어떻게 반응할까? 기대심리이지요.
사실 대부분 몰카는 사전 기획된 영상입니다. 이걸 가지고 유튜버들을 비난하고 악성 댓글
을 달고, 조작이라고 하는 사람들도 있겠지만 제 생각은 조금 다릅니다.
일반인들의 동의없이 몰카를 찍으면 범죄 행위입니다. 그 분들이 놀라서 넘어져 다치기라도
한다면 어떻게 하실지? 그리고 그 영상을 유튜브에 업로드해야 하는데 음성변조나 모자이크를
한다고 하더라도 초상권 문제는 어떻게 해결할 수 있을지 궁금합니다.
최악의 경우 영상을 내리는 것은 물론이고 고소까지 당할 수 있습니다.
최근에는 몰카 조작을 파헤치는 분들도 있던데 마술쇼를 쇼로 봐야지 굳이 가짜, 사기라고
이야기하는 건 마치 프로레슬링이 쇼라고 비난하거나 마술쇼가 마법이 아니라고 비난하는
것과 마찬가지라고 생각합니다.
해외에서는 사람을 놀라게 하는 몰카를 하다가 유튜버가 총에 맞거나 폭행을 당해 큰 논란
이 되기도 했습니다.
물론 진짜 리얼한 반응을 얻기 위해서는 사전 협의없는 몰카가 좋을 것입니다. 이런 선택은
바로 유튜버 자신의 몫입니다.

section - 05 다양한 유튜브 콘텐츠 유형

● 〈흔한남매 / 병맛 방탈출3탄!!! 으뜸이의 복수! ㅋㅋ 오빠가 집 비밀번호를 바꿨다!!!(흔한남매)〉

● 〈밍꼬발랄 / 친구가 침 튀겼을 때 유형 ㅋㅋㅋㅋ[밍꼬발랄]〉

흔한남매, 밍꼬발랄 채널, 이 두 채널은 각본이 있는 재미있는 상황극을 만들어 올립니다. 시청자들에게 웃음을 주는 것이 목표이고 주 시청자는 10~20대를 타겟으로 합니다.
일단 각본 만드는데 시간이 상당히 많이 걸리고 예전 개그콘서트의 '봉숭아 학당'처럼 캐릭터가 명확하며 개성있고 매력적이어야 합니다. 어른들을 타겟으로 개그콘텐츠를 만드는 것보다는 10대나 20대를 타겟으로 이들이 좋아할 만한 개그콘텐츠를 만드는게 채널 성장에 유리합니다.
그리고 재미있게 특정 유형이나 공감콘텐츠를 만들어드 시청자들이 좋아합니다.
'치킨 먹는 유형', ' 가방 메는 유형', '컵라면 먹는 유형', '남자친구에게 빡치는 순간'.
'여자들 외출전 공감','친구가 돈 빌려달라고 할 때 공감' 이런 식이죠.
유머사이트에서 가장 좋아요를 쉽게 얻는 게시글이 웃긴 글이 아니라 '~하면 공감' 이런 글들입니다. 공감하는 콘텐츠는 페이스북에서 유행했던 잘 먹히는 콘텐츠입니다.
여전히 유튜브에서도 시청자들의 반응을 잘 이끌어냅니다.

리액션, 국가자긍심

● 〈일본오쿤 / 쟁반짜장면을 처음 먹어본 일본인 반응!〉

사람들이 관심을 가질 만한 무언가에 대한 반응을 영상으로 촬영합니다.
노래에 대한 반응, 음식에 대한 반응, 영상이나 사건에 대한 반응 등이죠.
'한국 자장면을 먹은 중국인의 반응', 'BTS에 대한 스페인 소녀들의 반응' 등이 예시입니다.
이러한 콘텐츠들은 시청자들의 국가자긍심을 고취시키는데도 유리합니다.

● 〈영국남자의 리액션 영상 리스트〉

영국남자 채널은 한국문화에 대한 외국인의 긍정적인 리액션을 통해 한국의 시청자들에게 자부심을 느끼게 해줍니다.
이러한 국가자긍심 콘텐츠는 높은 반응을 이끌어 낼 수 있고 우리도 이런 콘텐츠를 만들 수가 있습니다. 실제 해외에서 활동하고 있는 한국 유튜버들 중의 상당수는 이러한 콘텐츠를 통해 그 나라 사람들의 호감을 얻고 빠르게 구독자를 확보해 나갑니다.

section - 05 다양한 유튜브 콘텐츠 유형

● 〈소련여자 / 호날두 유니폼 불태우는 빡친 외국인〉

위 영상은 소련여자 채널의 영상으로 외국인이 호날두 유니폼을 불태우는 영상입니다.
이 영상을 본 시청자들의 반응은 대부분 이런 반응들입니다. '아니 외국인이 우리나라 사람들만 공감하는 이런 것도 아는구나? 우리의 감정에 공감해 주고 그 감정을 표현해 주는구나' 호감을 느낄 수 밖에 없습니다.

동남아시아에서 활동하는 유튜버에게 유튜브 성공비결을 물어 본 적이 있습니다. 그 나라 사람들이 자부심을 갖고 있거나 지금 유행하고 있는 트랜드에 대해 긍정적인 반응의 리액션 영상들을 올리면 된다고 하시더라구요. 실제로 이 분께서는 이러한 리액션 영상으로 빠르게 채널을 성장시켰습니다.

전 세계에는 수백 개의 나라가 있습니다. 평범한 으리들도 해당 나라 사람들에게는 외국인입니다. 한국인인 것 자체가 해외 국가의 사람들이 보기에는 특별합니다.

한 나라를 선택하여 그 나라의 언어와 문화를 배우고 그 사람들이 '외국인들은 모를거야'라고 생각하는 주제나, 자긍심을 느끼는 주제, 지금 유행하고 있는 노래, 사건, 영화 등에 대해 한국인의 시각에서 반응하고 그 사람들이 좋아할 만한 리액션으로 영상을 제작하신다면 채널을 성장시키는데 유리할 것입니다. 이런 경우 해당 국가의 유튜브 광고비 단가가 낮을 경우 유튜브 광고 수익보다 해당 국가에서 비즈니스를 하고 싶어하는 기업들의 홍보채널로서 부가 수익을 창출하실 수 있을 것입니다. 이 방식은 성공률이 상당히 높은 방식입니다.

PART - 01 유튜브 트렌드

◉ 브이로그

브이로그(VLOG)는 '비디오(video)'와 '블로그(blog)'의 합성어로, 자신의 일상을 동영상으로 촬영한 영상 콘텐츠를 말합니다. 2005년 유튜브 등 동영상 공유 플랫폼이 등장하면서 인기를 끌기 시작했습니다.

 숫뚜sueddu
구독자 50.4만명 · 동영상 105개
영상으로 남기는 일상, 소소하지만 매일 특별한 하루. 토요일 저녁 7시 업로드 A special every day. uploaded Sat 7PM.

● 〈숫뚜 채널〉

유튜브를 시작하려는 사람들 중 대다수가 이 브이로그로 유튜브를 시작하고 싶어합니다.
있는 그대로의 나를 인정받고 싶어하는 건 대다수 사람들의 욕망입니다.
하지만 아쉽게도 성공률이 가장 낮은 분야 중의 하나입니다. 하루에 약 500~700개의 브이로그 영상들이 유튜브에 업로드되고 있지만 그 중에 당일 조회수 1,000회 이상 재생되는 영상은 50개 정도입니다. 그리고 80%에 가까운 영상들이 거의 조회수를 얻지 못합니다.
브이로그 분야는 빈익빈 부익부 현상이 가장 심한 분야라고 할 수 있습니다.
외모가 예쁘거나 잘 생기신 분들, 개성있는 분들은 기본적인 영상 퀄리티만 갖추었다고 가정하면 남들보다 안정적으로 브이로그를 키워나갈 수 있습니다.
하지만 그렇지 못한 대다수 사람들은 브이로그에 컨셉을 잡거나 특정 시리즈물을 만들거나 소재 선택을 신중하게 해야 합니다.

일단 본인의 평범한 일상생활을 촬영하고 일상적인 제목으로 영상을 업로드하는 사람들은 유튜브 검색에 노출될 일이 없기 때문에 초반에 채널을 개설하여 운영할 때 유입이 엄청나게 적습니다.
때문에 그냥 브이로그가 아니라 다이어트 브이로그, 노가다 브이로그, 자퇴생 브이로그, 변호사 브이로그, 치과의사 브이로그, 프로게이머 브이로그, 1일1독서 브이로그, 최면사 브이로그, 먹방 브이로그 등 정확한 타겟 컨셉이 있어야만 살아 남을 수 있습니다.
그리고 도전기나 시리즈가 있다면 꾸준히 채널에 들어올 수 있는 구독자를 만들 수 있습니다.
이슈가 되거나 사람들이 많이 찾는 주제를 선정하고 그에 대한 셀프캠도 가끔 올려주면 도움이 됩니다.
별 다른 개성없는 평범한 사람이 지극히 평범한 일상을 찍어 올린다면 성공확률은 0에 가깝습니다.

section - 05 다양한 유튜브 콘텐츠 유형

● 〈일주어터 채널〉

일주어터 채널은 최근 급격하게 구독자가 증가한 채널입니다.
전형적인 브이로그 채널은 아니고 다이어트에 대한 영상들이 다수입니다. 일상 브이로그에 이러한 특정 주제의 콘텐츠들을 섞어주는 게 브이로그로 오래 생존하는 길입니다.

● 〈 또요 채널〉

위 채널은 또요라는 카페알바 브이로그 채널입니다. 얼굴이 나오지 않지만 카페에서 음료만드는 것을 주제로 계속해서 영상을 촬영하고 있고 안정적으로 구독자를 모으고 있습니다.
이 분은 오로지 음료만드는 영상만 촬영합니다. 만약 이 분이 일상을 그대로 올리는 영상을 찍었다면 지금처럼 구독자를 모으기가 훨씬 어려웠을 것입니다.

하루 동안 사람은 정말 다양한 일들을 합니다. 그러한 내 생활을 아침부터 저녁까지 모두 촬영한 후에 10분 정도로 짧게 요약하여 업로드하는 것이 브이로그가 아닙니다.
영화의 한 장면처럼 오늘 하루 일상 중에 생긴 인상적인 일 하나 정도를 선택하고 편집하여 영상으로 업로드하는 편이 낫습니다.

PART - 01 유튜브 트렌드

◉ 알려주는 콘텐츠

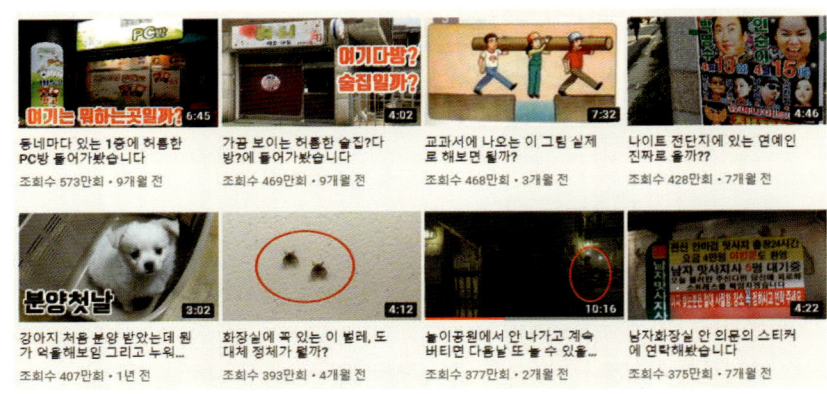

• 〈진용진님의 콘텐츠 목록〉

위의 이미지들은 진용진님 채널의 영상들입니다.
사람들이 궁금해할 만한 내용들을 직접 확인하여 알려줍니다. 단순하게 인터넷에 있는 자료를 찾아 알려주는 것이 아니라 직접 몸으로 부딪혀 체험해 본 후 알려줍니다. 예를 들어 '놀이공원에서 안 나가고 계속 버티면 다음 날도 무료로 놀 수 있을까?' 이 주제를 가장 쉽게 풀려면 사실 놀이공원 직원분에게 전화해서 물어보면 됩니다. 하지만 그렇게 하면 1분짜리 영상이 나오고 재미도 없죠. 진용진님은 직접 놀이공원에 가서 밤을 새웁니다.

영상의 구조는 다음과 같습니다.

> ▶ **영상의 구조**
>
> ▶ 스튜디오에서 오늘은 어떤 궁금증을 풀어줄지 설명
> ▶ 실제 내용을 알아보는 과정
> ▶ 스튜디오에서 궁금증에 대한 결론을 내며 마무리

section - 05 다양한 유튜브 콘텐츠 유형

((•)) 리뷰 콘텐츠

IT나 가전제품, 화장품 등을 리뷰해주는 콘텐츠입니다. 구독자 수가 낮아도 많은 광고비를 받을 수 있는 분야입니다. 대신 채널 초기에 제품을 사는데 비용이 많이 들고 성장세가 타 콘텐츠에 비해 더딘 경우가 대부분입니다.
트렌디한 제품을 선택해야 하며 어떤 제품을 선택하느냐에 따라 조회수가 달라집니다.

●〈가전주부 / 예쁘다고 난리난 Z-Flip 실물! 구매 전 보고 이 영상 보고 사세요!
삼성이 폰 접게 만든 갤럭시 Z-Flip 살펴보기!〉

담백하게 제품 리뷰하시는 분들 보다는 리뷰 영상이지만 웃음을 주었을때 시청자들에게 더 많은 관심을 받습니다.

●〈잇섭 / 사실 쓰고 있었어요. 삼성의 최초 폴더블폰 갤럭시 폴드 5G
아주 자세한 사용기! 이것은 스마트폰의 미래〉

리뷰 채널 중 잇섭님같은 경우는 유튜브에 적합한 말투와 제스처를 사용하십니다.
일상생활에서의 말투와는 다릅니다. 리뷰채널을 계획하고 있는 사람들은 꼭 참고바랍니다.
담담하게 정말로 제품 리뷰만 하는 경우에는 시청자에서 그리 큰 반응을 얻어낼 수 없습니다.
리뷰영상도 일단 재미가 있어야 합니다.

PART - 01 유튜브 트렌드

🔴 셀프캠 콘텐츠

● 〈허당김선생 / 인간관계 이런 사람은 일단 조심하고 거르자〉

셀프캠 영상은 카메라 한 대를 앞에 두고 혼자서 이야기를 하는 콘텐츠입니다.
가장 부담없이 찍을 수 있는 콘텐츠이고 평소 말을 재미있게 한다는 이야기를 들으셨던 분이라면 아마 남들보다 쉽게 좋은 반응을 얻어낼 수 있을 것입니다. 사람들은 누군가의 진솔한 이야기에 빠져듭니다. 토크쇼란 프로그램에 빠져드는 것처럼 어떠한 연출도 무대적 장치가 없어도 유튜버의 말하기 능력에 따라 엄청난 반응을 얻어낼 수 있는 콘텐츠입니다. 허당김선생님의 '인간관계 이런 사람은 일단 조심하고 거르자' 이 영상은 자막도 없고 오프닝도 없습니다. 담담히 자신의 이야기를 하지만 반응은 폭발적입니다.

● 〈오천만장자 / 30대 여자 백수 시작 취업 포기 연애 포기 결혼 포기〉

오천만장자님의 위 영상은 최악의 화질을 보이지만 많은 사람들이 이 영상을 시청하였습니다.
담담하고 솔직하게 본인의 이야기를 하는 영상입니다. 사람들은 전혀 모르는 다른 사람의
진정성 있는 이야기에 반응합니다. 일반적으로 들을 수 없는 이야기들이고 각본이 아니라 진짜
이기 때문에 반응하는 것 같습니다.(혹은 진정성있는 진짜라는 느낌을 주기 때문에)
영상 편집에 익숙치 않으신 분들께서는 이렇게 카메라 한 대를 앞에 두고 자신의 이야기를
진솔하게 말하며 소통하는 콘텐츠를 추천드립니다.
자신의 이야기를 하거나 요즘 이슈인 주제에 대해 이야기하는 거죠.
여러 명의 스탭이 고가의 촬영장비로 촬영한 영상들보다도 이러한 솔직담백한 콘텐츠가
더 많은 반응을 보이는걸 보면서 이야기의 힘에 대해 다시 한번 생각해 보게 됩니다.

section - 05 다양한 유튜브 콘텐츠 유형

● 〈김덕배 이야기 / 배달 꿈나무 동네 양아치 고딩 급식충 |
왜 그렇게 살까?[김덕배 이야기]〉

김덕배 이야기 채널도 마찬가지입니다.
별다른 장비없이 카메라를 앞에 두고 본인이 생각하는 이야기를 재미있게 시청자들에게 들려줍니다. 이야기를 재미있게 한다는 것은 엄청난 재능입니다. 만약 본인이 말을 재미있게 한다는 소리를 자주 들어보셨다면 셀프캠 콘텐츠를 추천드립니다.

((•)) 정보성 콘텐츠

● 〈희렌최널 / 웃으면서 할 말 다 하는 화법(feat. 꼰대)〉

희렌최널은 혼자서 기획, 촬영, 출연, 편집까지 한다고 했을 때 완전체에 가까운 정보성 채널입니다. 여기서 더 신경쓰면 시간이 너무 많이 들기 때문에 전업해야 될 것입니다.
정보성 콘텐츠는 특정 분야의 전문적인 지식이 있을 때 가능한 콘텐츠입니다.
사실 여기서 전문적이라는 것은 진짜 전문가들의 전문성을 말하는게 아닙니다.
일반인들보다 조금 더 알고 있으면 됩니다. 진짜 전문적인 콘텐츠들은 유튜브에서 사랑받기 어렵습니다. 수학문제집 풀 때 앞부분만 푸셨던 것 기억하시나요? 실제 유튜브 채널을 전략적으로 운영하시는 분들은 앞부분에 해당하는 쉽고 재미난 초급 내용만 반복적으로 콘텐츠로 제작하기도 합니다.
일반적으로 진입장벽이 높고 재미없는 고급과정은 유료과정으로 진행하여 추가적인 수익을 창출하는 전략을 쓰기도 합니다.

PART - 01 유튜브 트렌드

 코치 알버트 Coach Albert
구독자 12.8만명 • 동영상 198개
당신의 내적인 성장과 관계성공을 돕습니다.

● 〈최면콘텐츠의 알버트 채널〉

최면과 개인의 성장을 다루는 알버트 채널같은 경우는 온라인 강의 사이트(hypnotic.imweb.me)를 통해 전문적인 심화 콘텐츠를 따로 업로드합니다.
유튜브에서는 초중생도 이해할 수 있을 정도로 쉽고 재미있게 해당 정보를 제공하셔야 합니다. 실제 업계에선 대단한 전문가이지만 기본적인 영상 퀄리티도 갖추지 못했거나 재미가 없어서 외면받는 채널들이 많습니다. 정보성 콘텐츠의 핵심은 재미, 이해도, 니즈 이렇게 3가지입니다. 정보를 설명하는 방식은 일단 재미있어야 합니다. 해당 분야의 전문가가 아니더라도 쉽게 이해할 수 있어야 합니다. 만약 재미도 없고 이해하기도 어렵다면 구독자를 많이 늘리기 어렵습니다. 물론 구독자를 늘리는 방법은 있습니다. 내가 재미있게 설명하는데 재능이 없다면 해당 분야에서 희소성이 있거나 사람들에게 필요한 정보를 가지고 영상을 만들면 됩니다.
그때는 사람들이 재미없어도 정보가 필요하기 때문에 영상을 시청하게 됩니다.

돈을 벌기 가장 쉬운 방법이 정보성 콘텐츠를 기획하고 제작하는 것입니다.
특정 분야의 책과 강의, 영상을 통해 지식을 쌓으면서 그 내용을 유튜브에 계속 업로드하는 것입니다. 유트브를 시작하는 많은 전문가들이 시행착오를 겪은 다음에야 깨닫는 사실이 한가지 있습니다. 오프라인에서 몇백만 원을 받는 강의내용일지라도, 그 분이 박사학위가 있고 대단한 전문가일지라도, 유튜브에서는 재미없으면 시청자들에게 외면당하기 쉽다는 사실입니다.
그래서 정말 실력이 뛰어나고 지식이 많은 프로 수준의 전문가보다 알기 쉬운 정보를 재미있게 유튜브 매체에 적합하게 제작하는 비전문가가 유튜브에서만큼은 더 인정받습니다.
일단 그 분야의 전문가가 아니더라도 유튜브에서 차근차근 구독자를 모으면서 공부해 나간다면 역으로 유튜브를 통해 실제 전문가보다 더 많은 영향력을 행사할 수 있습니다.
또한 대부분 정보성 영상을 만드는데는 그리 수준높은 편집 기술이 필요치 않습니다.
영상 안에 이미지나 영상을 추가하거나, 장면을 자르고 붙이거나, 자막을 넣는 등의 기술은 하루 정도면 기본적인 퀄리티를 갖출 수 있을 정도의 편집방법을 배울 수 있습니다.
혹시나 그동안 유튜브를 운영하시다가 답을 못찾으신 분들께는 현재는 전문가가 아니더라도 자신이 배우고 싶은 분야를 선택해 지속적으로 공부하며 유튜브 채널을 운영해 나가는 것을 추천드립니다. 평범한 사람이 유튜브로 성공할 수 있는 필승전략이 바로 정보성 콘텐츠입니다.

section - 05 다양한 유튜브 콘텐츠 유형

⦿ 먹방

음식을 먹는 것을 보여줍니다. 나름TV, 홍사운드, 쯔양, 햄지, 흥삼, 앰브로, 벤쯔, 홍유 등 등 많은 유명 유튜버가 먹방을 콘텐츠로 삼고 있습니다.
ASMR 장르와 결합하여 음식을 먹는 소리의 퀄리티를 높이는데 집중하기도 합니다.

● Zach Choi ASMR / ASMR ROASTED PORK BELLY & KIMCHI MUKBANG (No Talking) COOKING & EATING SOUNDS〉

Zach Choi 같은 경우는 오로지 음식을 먹는 모습과 소리에 집중합니다. 현재 국내 먹방 유튜버 중에서는 이 분과 거의 흡사하게 영상을 만드시는 분들이 많이 보이고 있습니다. 검은 배경, 검은색 장갑, ASMR 사운드, 음식의 구도, 틱톡을 통한 홍보 등등의 기법을 Zach Choi의 대부분을 카피합니다. Zach Choi의 영상과 큰 차이가 없지만 조회수는 그리 높지 않은 경우가 대다수입니다.
먹방 유튜버 분들에게는 틱톡을 통한 홍보가 이제는 기본이 된 것 같습니다. 대부분 해외 구독자의 유입을 노리시는 먹방 유튜버들은 틱톡에 짧은 먹방 영상을 올려 유튜브에 유입시키는 전략을 구사합니다.

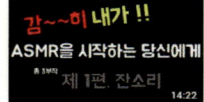 

● 〈제이네 소리좋은생활 / ASMR을 시작하는 당신에게 1,2,3편〉

많은 분들이 먹방을 할 때 어떻게 하면 저런 생생한 소리를 내는 걸까 궁금하셨을 겁니다. 어떻게 하면 생생한 소리를 얻을 수 있는지는 그 유튜버에게는 다른 사람들에게 숨겨야 될 경쟁력입니다. 하지만 '제이네 소리좋은생활' 채널에서 좋은 소리를 얻는 방법에 대한 영상을 확인하실 수 있습니다. ASMR이나 먹방을 시작하시려는 분들은 이 영상 시리즈를 꼭 보시기 바랍니다. 어떤 마이크를 쓰고 어떤 프로그램으로 소리를 보정해야 하는지 책으로 배울 수 없는 내용들을 공개해 주셨습니다.

PART - 01 유튜브 트렌드

● 〈햄지 / 리얼먹방:) 이정도면 김치먹방 최애영상 가능한가요??
(with 통낙지라면) | OCTOPUS RAMEN&KIMCHI |
タコラーメン&辛いキムチ | MUKBANG | EATING SHOW〉

제가 본 유튜버 중에 음식을 가장 맛있게 먹는 분입니다.
음식을 많이 먹지는 않지만 맛있게 전투적으로 음식을 드십니다. 카메라는 총 3대를 사용합니다.
유튜브 트렌드는 계속 바뀌고 있고 당분간은 카메라를 고정시킨 먹방보다는 이렇게 시점을
변경하며 생동감있게 먹는 모습을 촬영하는 영상이 더 인기를 끌 것 같습니다.

참피디, 맛상무, 잡솨, 여수언니정혜영, 우니의끼니, 용사박병진, 한시연 등 다양한 먹방 채널들을
참고해 보십시오.

◉ 더 많은 콘텐츠와 유튜브 알아보기

유튜브를 하고 싶으시다면 관련 분야의 유튜버 채널 10곳 정도는 철저히 분석해 보셔야 됩니다.
그리고 여기서 그치는 게 아니라 인기없는 유튜버들도 찾아보셔야 됩니다.
잘 나가는 유튜버들을 보고 저 정도는 나도 할 수 있다고 쉽게만 생각할 수도 있습니다.
하지만 빨리 시작하신 분들과 나중에 시작하시는 분들은 출발선 상이 다릅니다.

인기있는 유튜버의 영상을 비슷하게 따라 만들었지만 많은 사람들의 사랑을 받지 못하는
유튜버들이 많습니다. 하지만 이상할 정도로 인기없는 채널들도 보이실 겁니다.
영상 품질도 좋고 재미도 있는데 안 뜨는 채널들입니다. 물론 영원히 안 뜨는게 아니라
언젠가는 떡상을 맞게 될 겁니다. 객관적으로 재미있다면 언젠가는 반드시 뜨게 될 것입니다.
문제는 그 때가 언제가 될지 아무도 장담할 수 없다는 것입니다.

section - 05 다양한 유튜브 콘텐츠 유형

● 〈녹스인플루언서의 '변호사' 채널 검색 화면〉

유튜버들을 검색해 볼 때는 유튜브 검색보다는 '녹스 엔플루언서 (https://kr.noxinfluencer.com/)' 같은 유튜브 분석 사이트를 이용하면 구독자, 영상별 평균조회수, 녹스 인플루언서 자체 평점 등의 요소로 채널을 검색해 볼 수 있습니다. 특히 급상승 순위에 올라온 채널들을 확인해 보십시오. 비록 채널규모는 작지만 독창적인 콘텐츠 때문에 급상승한 채널들을 확인한 후에 카피할 아이디어들을 얻으실 수 있습니다. 이런 채널들은 현재 유튜브 알고리즘에 적합하고, 시청자들의 입맛에 맞는 핫한 영상들이기 때문입니다.

section 06 유튜브로 도피하려는 분들께

예전에 어떤 유튜버의 영상에서 보고 충격받았던 내용입니다.

> ▶ **유튜버의 영상 내용**
>
> 친구가 공무원 준비를 한다고 저에게 말을 겁니다.
>
> 이럴 때는 보통 '열심히 해라~'라고 하면 대화가 진행되는데 말을 이상하게 하는 사람들이 있습니다.
>
> '공무원 시험 요즘 경쟁률이 100:1도 넘는데 합격하기 힘들지 않을까?' 이런 식으로 답하곤 합니다.
>
> 공무원 시험 준비한다는 친구를 격려하는 것도 아니고 진심으로 걱정해서 하는 이야기도 아니고 그냥 툭 던지듯이 내 생각을 내뱉는 겁니다.

저도 이런 식의 대화를 자주하던 터라 해당 유튜버의 영상을 보고 움찔했습니다.
듣는 사람이 어떻게 반응하고 어떻게 느낄지 생각하지 않고, 그냥 말이 뇌를 거치지 않고 입으로 나온거죠.
유튜브는 다른 사람이 영상을 봐줘야만 조회수든 돈이든 얻을 수 있습니다.
그런데 이렇게 자기위주의 사고방식을 갖고 있는 사람들이 남에게 즐거움을 줄 수 있을까요?
유튜브를 시작하시는 분들 중에는 현재 상황을 도피할 목적으로 유튜브를 시작하시는 분들도 있습니다.
마치 공무원 시험 낭인처럼요.
만약 기본적인 사고방식이 자기 위주라면 유튜브 크리에이터가 되기 이전에 사회성부터 길러야 합니다.
현실에서 사랑받지 못하고 인기없는 사람이 갑자기 온라인에서 사랑받고 인기가 많아질 가능성은 드뭅니다.
일단 집에 있는 부모님과 가족에게 잘하고 정상적인 직장생활부터 하시길 추천드립니다.

유튜브는 현실 도피처가 아닙니다.
유튜버로 돈버는 게 직장생활하는 것보다 훨씬 어렵습니다.
요즘 유튜브를 새롭게 시작한 100명 중 90명이 단돈 100원도 벌지 못하고 유튜브를 중단합니다.
직장생활이 오히려 더 쉽다는 얘기입니다.

 시간을 절약하는 촬영과 편집

 시간을 절약하는 촬영과 편집
유튜브 생존 가이드

1. 마이크(녹음기)의 선택　　　　　　p042
2. 카메라 사지 마세요　　　　　　　　p047
3. 후면 카메라로 촬영하는 법　　　　p050
4. 영상 편집 프로그램의 선택　　　　p053
5. 촬영 품질에 대한 생각　　　　　　p056
6. 채널 기획　　　　　　　　　　　　p058
7. 영상 촬영 순서　　　　　　　　　　p064
8. 영상 제작 예시1　　　　　　　　　p067
9. 영상 제작 예시2　　　　　　　　　p071
10. 영상 제작 예시3　　　　　　　　　p073
11. Vrew를 통한 영상 편집 매뉴얼　　p075
12. 뱁믹스 매뉴얼　　　　　　　　　　p088
13. 섬네일 쉽게 만들기　　　　　　　　p108
14. 섬네일 누끼 따는 법　　　　　　　p111
15. 저작권 없는 소스 구하기　　　　　p113

유튜브 생존 가이드

다음 파트 자동재생 ⬤

유튜브 영상 업로드
 유튜브 생존 가이드 ✓

03 p116

유튜브 무료 온라인 강의
 유튜브 생존 가이드 ✓

04 p128

유튜브 알고리즘 입문
 유튜브 생존 가이드 ✓

05 p138

유튜버들의 실전 팁
 유튜브 생존 가이드 ✓

06 p162

02 시간을 절약하는 촬영과 편집

section 01 마이크(녹음기)의 선택

바야흐로 지금은 유튜브 시대입니다.
신문이나 TV 등의 전통적인 매체는 점점 더 힘을 잃어가고 있습니다. 이제부터 유튜브를 시작할 때 필요한 장비들에 대해서 알려드리겠습니다.
우선 마이크부터 시작합니다.

● 〈소니 ECM-CS3〉

핀마이크는 '소니 ECM-CS3'를 추천드립니다.
17,000원 대로 무난한 성능입니다.

● 〈보야BY-M1〉

많은 분들이 '보야 BY-M1' 마이크를 추천하십니다. 가격대는 10,000원으로 저렴합니다.
마이크의 성능은 괜찮지만 문제는 선의 길이입니다. 선의 길이가 6M로 너무 불필요하게 긴 선으로 인해 스마트폰에 연결시 상당히 불편합니다. 6M 짜리 선은 상당히 무겁습니다. 체감상 라면 한 봉지 무게입니다. 제 경우에는 불편해서 다른 핀마이크를 추가로 구매하였습니다. 성능은 비교적 괜찮은 편으로 저렴한 마이크를 원하신다면 이 마이크를 추천드립니다.

section - 01 마이크(녹음기)의 선택

● 〈보야 듀얼 핀마이크〉

인터뷰 형식의 영상 촬영을 원하신다면 '보야 듀얼 핀마이크'를 추천드립니다.
마이크가 2개 달려있으며, 가격대는 26,000원대입니다.

● 〈소니 TX650〉

'소니의 TX650' 보이스 레코더입니다. 가격대는 150,000원 대로 마이크가 아니라 녹음기입니다. 나중에 음성을 따로 추출해야 하는 불편함이 있지만 요즘 많은 유튜버들이 사용 중입니다. 최대 녹음시간은 mp3 192kbps 형식으로 진행시 178시간까지 녹음할 수 있습니다. 다만 배터리 지속 시간이 15시간인 것을 고려해야 합니다. 만약 야외촬영도 하신다면 이 마이크를 추천드립니다.

실내 촬영 위주로 하신다면 블루예티 마이크를 추천드립니다. UFO 마이크를 추천해 주시는 분들도 많던데 저도 처음에 UFO 마이크를 구매하였으나 음향 쪽 전문가가 마이크에 대한 개념을 잡아주신 후에는 블루예티 마이크로 교체하였습니다. 해외 마이크 평점이나 추천글들을 찾아보시면 압도적으로 블루예티 마이크를 추천합니다. 구글이나 유튜브에서 'youtube mic best' 등으로 검색해서 확인해 보시기 바랍니다. 그리고 마이크 구매 전 유튜브에 마이크 이름을 검색해 보시면 실제 마이크별 녹음 결과를 확인해 보실 수 있습니다.

PART - 02 시간을 절약하는 촬영과 편집

● 〈블루예티 마이크〉

블루예티 마이크의 가격대는 150,000원 정도입니다.
마이크의 지향성을 조정할 수 있으며, 현재 제가 사용하는 마이크이기도 합니다.
이 마이크는 아래의 4가지 모드를 사용할 수 있습니다.

지향성(polar pattern) : 마이크가 레벨과 음색의 변화없이 소리를 받아들이기는 범위를 각도로 표현한 것

> ▶ 블루예티 마이크 4가지 모드
>
> ● **01 카디오이드** : 마이크 앞쪽만 사용해서 녹음합니다.
>   일반 방송을 할 때에는 이 모드를 사용합니다.
>
> ● **02 스테레오 모드** : 오른쪽, 왼쪽 구분이 명확한 스테레오 사운드를 녹음할 수 있습니다.
>   이 모드로 ASMR 가능합니다.
>
> ● **03 전방향 모드** : 마이크의 전방향 360도 녹음합니다. 주변소리까지 다 녹음합니다.
>
> ● **04 양방향 모드** : 마이크의 앞면과 뒷면에서 녹음합니다.
>   두사람이 인터뷰하는 경우 적합합니다.

또한 마이크 게인을 조그다이얼로 조절할 수 있습니다.

section - 01 마이크(녹음기)의 선택

▶ 게인(GAIN)

게인(GAIN)이란 증폭도를 말합니다. 게인을 올리면 좀더 세밀한 소리까지 잡아내지만 노이즈가 생깁니다. 게인을 내리면 세밀한 소리는 못잡지만 노이즈가 없습니다.
적당히 조절합니다. ASMR 할 때는 게인값을 잘 조절해야 합니다.

▶ 지향성과 무지향성

지향성은 특정 방향의 소리를 녹음하는 것이고 무지향성은 특정 방향이 아닌 주변 소리까지 전반향의 소리를 녹음한다는 것입니다.

▶ 수음

마이크로 녹음한다는 표현보다는 수음한다는 표현이 더 적절합니다.
수음은 소리로 된 신호를 받는다는 뜻입니다.

● 〈팝필터〉

위 장비의 명칭은 팝필터입니다.
가격대는 3,000원입니다. 우리가 발음을 할 때 'ㅍ', 'ㅋ' 등의 발음은 순간적으로 '파열음'이 나게 됩니다. 입 앞에 손바닥을 대고 '가바가바가바' 이렇게 발음할 때와 '카파카파카파' 이렇게 발음할 때를 비교해 보면 '카파카파카파' 이렇게 발음할 때 스리와 공기가 튀어나오는 것을 느끼실 수 있을 겁니다. 팝필터는 이러한 '파열음'이 나는 것을 막아줍니다. '나는 파열음이 심하다' 라고 생각하시는 분들께 추천드립니다.

PART - 02 시간을 절약하는 촬영과 편집

그 밖에 소리에 꽂히신 분들은 집안에 불필요한 잡음을 흡수하는 장치를 설치하시거나 어떤 분은 계란판으로 집에 흡음 장치를 하기도 합니다. 하지만 너무 소리에 신경쓰는 것도 시간 낭비입니다. 유튜브 시청자들이 큰 차이를 느끼지 못하는 경우가 대부분입니다. 영상 콘텐츠의 소재, 기획, 각본에 집중하시는 것이 더 좋습니다. 일정 퀄리티 이상 소리에 대해 신경쓰셨다면 다른 것에 더 집중하십시오. 필자의 경우 조용한 방에서 블루예티 마이크만 사용해서 녹음하는데 스마트폰에서 들었을 때 충분한 사운드 품질이 나옵니다.

((•)) 마이크 구매시 TIP

마이크를 구매할 때는 유튜브를 꼭 참고해야 합니다. 유튜브에 대부분 마이크들의 비교 영상이 올라와 있습니다. 직접 영상의 소리를 귀로 들어보고 구매하세요
또한 마이크를 구매할 때는 지향성인지 무지향성인지 구별해야 합니다. 지향성은 마이크가 특정 방향의 소리를 녹음하는 것이고 무지향성은 특정 방향없이 전체를 녹음합니다. 지향성은 사람의 목소리를 녹음할 때, 무지향성은 주변 환경소리나 라이브 공연을 녹음할 때 사용합니다. 일반적으로 유튜버들에게 필요한 것은 지향성 마이크입니다.
특정 방향의 사람 목소리를 녹음해야 하기 때문입니다.

section 02 카메라 사지 마세요

카메라는 별도로 구입하지 않을 것을 추천드립니다. 스마트폰 영화제가 있을 정도로 현재 스마트폰 카메라의 영상촬영 품질은 수준급입니다. 80%의 시청자들이 스마트폰으로 유튜브를 신청하고 손바닥만한 화면에서는 4k나 1080p 화질이나 구분이 잘 가지 않습니다. 아직까지 유튜브 영상을 TV로 보시는 분들은 정말 극소수입니다. 스마트폰 카메라 화질이 떨어진다고 하는 경우는 대부분 조명을 안쓰거나 색감 보정을 이상하게 한 경우가 대부분입니다. 굳이 카메라를 꼭 사야겠다면 구독자 수가 1,000명을 넘긴 다음에 구매하는 것을 고려해 보시기 바랍니다.

● 〈사작KYO /아이폰 XS MAX 카메라 VS 700만원 카메라 사진&영상 화질 비교〉

위 영상은 아이폰과 700만원짜리 카메라를 비교한 영상입니다.

● 〈Parker Walbeck / LG V30 vs. $50,000 RED Weapon〉

이 영상은 LG V30과 5천만원짜리 영상장비를 비교한 영상입니다.
몇백만 원짜리 카메라와 스마트폰의 영상 차이가 그렇게 크게 느껴지지 않으실 겁니다.
그 밖에 유튜브에서 '스마트폰 영화', '스마트폰 영화제'를 검색하시면 스마트폰으로 촬영한 멋진 영상들을 많이 보실 수 있습니다.

PART - 02 시간을 절약하는 촬영과 편집

● 〈Ruite사의 짐벌〉

흔들림 없는 촬영을 원하신다면 스마트폰 짐벌을 구매하시고, 실내 촬영시 화질이 떨어지는 것처럼 보인다면 조명을 구매하십시오.

● 〈Doraemon collection 채널의 조명 before after 영상〉

위 이미지를 보시면 조명에 따라 촬영 결과물이 극적으로 달라집니다. 조명없이 비싼 카메라로 촬영한 영상보다 조명을 갖춘 상태에서 스마트폰으로 찍은 영상이 더 낫습니다. 스마트폰 카메라에 조명을 제대로 갖추면 카메라가 굳이 필요없습니다.
요즘 100만원 짜리 스마트폰을 쓰신다면 그 중에 30%인 30만원은 카메라 부품 값일 것입니다. 스마트폰 카메라를 잘 활용해 보시기 바랍니다.
유튜브에서 '스마트폰 영상 촬영', '3점 조명' 등으로 검색하시면 촬영과 조명에 대한 정보들을 찾아보실 수 있습니다.

조명장치에 대해서도 말씀드립니다.
일반적으로 몇만 원대 조명을 추천하지만 자연광이 가장 출연자를 아름답게 보여 줍니다.
조명이 없다면 햇빛이 좋은 시간에 촬영하는 것을 추천드립니다.

section - 02 카메라 사지 마세요

만약 조명을 구입할 여유가 없다면 온라인 쇼핑몰에서 가격 5,000원대의 자바라 조명을 구입하셔도 좋습니다. 조명이 너무 밝다면 직접 나에게 쬐는 게 아니라 벽을 쬐서 그 반사광을 이용하거나 조명 앞을 하얀 종이로 가리면 부드러운 빛을 얻을 수 있습니다.

PART - 02 시간을 절약하는 촬영과 편집

section 03 후면 카메라로 촬영하는 법

스마트폰에는 전면 카메라와 후면 카메라가 있습니다. 보통 후면 카메라가 전면 카메라보다 훨씬 화질이 좋습니다. 심하게는 화소수가 2배 이상 차이나기도 합니다. 전면 카메라의 화질에 만족하지 못하는 분들이 후면 카메라를 사용해 보신다면 그 차이에 놀랄 수도 있습니다. 대부분 본인이 자신을 촬영할 때는 자기 모습이 나오는 화면을 확인하기 위해 전면 카메라를 사용합니다.

본인을 촬영할 때 꼭 전면 카메라를 사용할 필요는 없습니다. 자연스러운 느낌을 주려면 카메라 렌즈에 시선을 맞춰야 하는데 화면 속의 자신을 확인하느라 오히려 부자연스러운 느낌을 줄 수도 있습니다.

지금부터라도 전면 카메라 말고 후면 카메라를 사용해 보는 건 어떨까요?
굳이 촬영하면서 자신을 확인할 필요는 없습니다.
(물론 촬영 시작 전에는 본인이 카메라에 어떻게 비춰지는지 상태를 확인하는 일은 필수입니다.)
요즘 나오는 스마트폰들은 대부분 후면 카메라 렌즈가 여러 개입니다.
스마트폰 촬영앱을 켠 후 후면 카메라 렌즈를 손가락으로 하나하나 가려보면 어떤 렌즈가 촬영할 때 쓰는 렌즈인지 알 수 있습니다.

● 〈 LG V50 스마트폰의 후면 카메라 〉

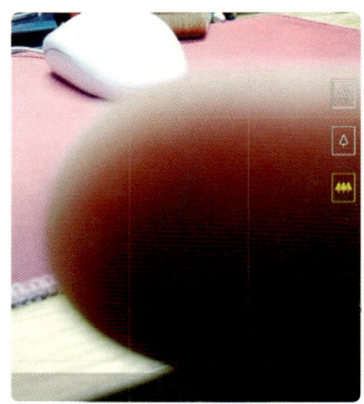
● 〈 스마트폰 후면 카메라 렌즈에 보이는 손가락 〉

section - 03 후면 카메라로 촬영하는 법

후면 카메라로 촬영을 진행할 때 바로 이 렌즈를 구독자의 눈동자라 생각하고 사람을 보듯 쳐다봐주세요. 스마트폰 화면을 보며 전면 카메라로 촬영할 때보다 더 자연스러운 표정을 얻을 수 있습니다.

유튜브 성공비결로 진정성을 꼽는 경우가 많습니다. 이렇게 렌즈를 구독자 눈처럼 인식하고 바라보며 촬영하면 진정성있는 것처럼 보입니다. 시청자는 유튜버가 본인을 바라보며 말하는 것처럼 느낍니다. 부가적으로 후면 카메라의 높은 화소수 때문에 영상 화질도 훨씬 좋습니다.
"나는 꼭 화면상에 나오는 내 모습을 확인하고 싶어. 하지만 후면 카메라의 높은 화소수는 이용하고 싶네" 이런 분들은 거울이 달린 셀카봉이나 스마트폰 케이스 중에서 뒷면이 거울로 처리된 제품을 사용하시면 됩니다.

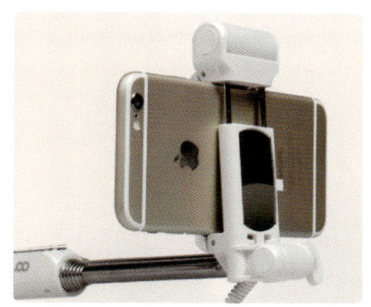
● 〈 오아 LED 셀카봉 〉

● 〈 NEXT의 전면거울 셀카봉 〉

● 〈 아이폰 거울 케이스 〉

● 〈 거울디 달린 케이스 〉

카메라에 비친 자신을 보지 말고 렌즈를 보면서 촬영해야 시청자들이 '마치 자신을 보고 이야기하는 듯한' 착각을 불러 일으킵니다.
'나와 유튜버 간 시선의 마주침'은 시청자들이 유튜버의 진정성을 느낄 수 있는 요소 중 하나입니다.

> ▶ **스마트폰 촬영 팁**
>
> 전화가 걸려 와서 촬영 도중 녹화가 끊어지는 것이 싫으신 분들은 '비행기 모드'로 설정해 주세요. 전화가 오질 않습니다.

section 04 영상편집 프로그램의 선택

시중의 유튜브 강의들은 대부분 영상편집에 초점이 맞춰져 있습니다. 영상편집이 중요한 건 맞는데 너무나 많은 시간을 영상편집을 배우는데 할애하고 있습니다. 어떤 분들은 유튜브를 시작하기 위해 6개월 간의 영상편집 교육과정을 수료하기도 합니다. 우리들이 유튜브를 하는데 필요한 영상편집의 수준은 그리 높지 않습니다. 영화에 나오는 요란한 특수효과가 필요한 것도 아니니까요.
우리가 쥬라기 공원이나 매트릭스 찍는 것이 아니지 않습니까? 정말 최소한의 컷편집만 할 줄 알아도 유튜브를 운영 하실 수 있습니다.

우리에게 필요한 최소한의 영상편집 기술은 다음과 같습니다.

> ▶ 영상편집 기술
> 영상을 자르고 붙이기(컷편집), 색감조정, 이미지 넣기, 효과음 넣기,
> 자막 넣기, 배경음 넣기, 장면전환효과 넣기, 영상 안에 이미지나 영상 삽입

영상편집 프로그램의 다양한 고급기능들을 사용해서 만드는 특수효과들은 '템플릿'이란 형태로 인터넷에서 다운로드 받을 수 있습니다. 무료나 저렴한 비용으로 다른 분들이 만들어놓은 화면효과를 다운로드 받을 수 있는데도 직접 영상효과를 주는 방법을 배우는 건 매우 비효율적인 일입니다.
영상편집 시간을 최소화해야 합니다. 일반적으로 1분짜리 영상을 편집하는데 1시간 정도가 소요되며. 5분짜리 영상을 편집하는데 5시간 이상이 걸립니다. 영상편집을 최소한으로 할 수 있도록 편집하는 순서를 정해놓고 미리 장면을 기획하거나, 아무말 대잔치가 되지 않도록 스크립트를 짜놓아야 합니다. 그렇게 해야 다시 확인해 보고 편집수정할 부분들이 줄어듭니다.

우리가 선택할 수 있는 고급 영상 프로그램에는 다음과 같은 것들이 있습니다.

● **01** 프리미어 ● **02** 파이널컷 ● **03** 베가스 ● **04** 파워디렉터 ● **05** 다빈치리졸브, 히트필름 등

PART - 02 시간을 절약하는 촬영과 편집

우선 가장 많은 분들이 사용하는 프로그램은 '프리미어'입니다. 익숙해지기까지 많은 시간이 걸리지만 여러가지 영상효과들을 쉽게 다운로드 받을 수 있는 장점이 있습니다. 어떤 영상 프로그램을 시작해도 나중에는 결국 프리미어를 사용하게 된다는 이야기가 있습니다. 하지만 처음 유튜브를 시작하는 분들에게 프리미어가 높은 산이 될 수 있습니다. 처음 유튜브를 시작하는 단계에서는 권장해드리지 않습니다.

그 밖에 파이널컷은 맥북이 있어야 사용 가능하고. 베가스는 사용이 쉽고 무난하다는 평입니다.
파워디렉터는 무료 버전에서도 어느 정도 영상편집이 가능합니다.
다빈치리졸브는 영상의 색감을 보정하는데 특화되어 있습니다. 무료 프로그램이라는 것이 장점이지만 사용방법은 쉽지 않습니다. 브이로그 영상을 촬영하시는 분들은 Log 촬영한 영상의 색을 표현하는데 유용하게 쓸 수 있습니다.

> ▶ **Log 촬영이란**
>
> Log 촬영은 빛의 밝은 영역과 어두운 영역 사이를 손실없이 저장해 주는 촬영방식 입니다.
>
> LG 스마트폰은 자체적으로 Log 촬영이 가능하고 다른 스마트폰들도 FilmicPro 라는 앱을 구매하여 인앱결제시 3만원 정도의 비용으로 Log 촬영이 가능해집니다.
> Log 촬영을 통해 손실없이 저장된 색정보를 다빈치리졸브를 통해 내가 원하는 분위기로 좀 더 세밀하게 색상을 표현할 수 있습니다.

히트필름은 여러가지 특수효과들을 사용할 수 있는 무료 프로그램입니다.
다양한 확장기능들을 이용하려면 기능별로 결재를 해야 합니다. 위에서 설명한 프로그램들은 고급 기능들을 사용가능한 영상편집 프로그램들이고 어느 정도 학습의 시간이 필요합니다.
이번에는 깊이 배우지 않고도 바로 사용이 가능한 프로그램에 대해서 알아보도록 하겠습니다.

● 01 곰믹스   ● 02 뱁믹스

section - 04 영상편집 프로그램의 선택

이 2가지 프로그램은 학습하는데 많은 시간을 들이지 않고 1~2시간 정도 투자하여 살펴 보면 쉽게 활용이 가능한 프로그램입니다. 곰믹스는 무료와 유료 프로그램으로 나뉘워져 있으며 무료 버전은 10분의 시간제한과 워터마크가 붙습니다. 유료 프로그램은 5만원 내외로 구매할 수 있으며, 다양한 영상효과가 포함되어 있으면서도 사용하기 쉽고 편합니다.

뱁믹스는 무료로 사용 가능하며 기본적인 기능만 제공하지만 자막효과를 넣는 데 특화되어 있습니다. TV에서 볼 수 있는 예능자막을 사용하려면 여러 자막효과들을 개별 구매하실 수 있습니다.
이 책에서 영상편집 설명에 사용한 프로그램도 뱁믹스입니다.

section 05 촬영 품질에 대한 생각

영상촬영 스타일을 두가지로 나눠봅니다. 고퀄리티 촬영에 집착하는 사람과 대충 찍는 사람으로 나눌 수 있으며, 기존 영상 분야에서 활동하시던 분들이 고퀄리티 촬영에 집착하시는 경우가 많았는데 지금까지는 실패하시는 분들이 많았습니다. 유튜브에서 중요한 것은 카메라 촬영 능력이 아니라 콘텐츠이기 때문입니다.
작은 스마트폰 화면으로 유튜브를 시청하는 경우가 대부분인데 스마트폰으로 찍은 영상과 수백만 원짜리 카메라로 찍은 영상 두 개를 놓고 비교해 봤을 때 일반 대중들은 큰 차이점을 느끼지 못하는데 영상품질의 차이가 영상의 재미에 크게 영향을 끼치지도 않습니다.
구독자가 많은 유튜버들도 고급 기종 카메라가 있지만 휴대성 때문에 야외에서는 스마트폰을 가지고 다니십니다.

장비에 대한 욕심을 버려야 합니다. 비싼 카메라를 구입할 여유가 있다면 마이크를 좋은 것으로 사거나, 스마트폰을 바꾸거나 자막 소프트웨어 뱁션을 구매하는 편이 낫습니다.
여기까지는 초보자들에게 추천하는 사항이고, 만약 수익 창출 후 본격적으로 급여 수준 이상의 수입이 발생하기 시작한다면 실제 영상 촬영 전문가들의 자문을 받아 전문 커뮤니티에 가서 예산에 맞는 카메라를 문의하시는 편이 좋습니다.

네이버 카페 중 'DOF LOOK'를 추천드립니다. 유튜브를 시작하면 좋은 장비를 사고 싶은 마음이 굴뚝같을 수 밖에 없습니다. 구독자 1만을 넘기면 사겠다든지 이러한 약속을 스스로에게 하시고 목표 달성 후 장비를 구매하는 것을 추천드립니다. 극단적으로 수백만 원짜리 카메라를 사고 영상 한편 찍은 다음에 조회수가 나오지 않자 추가 영상을 촬영하지 않은 채 그대로 유튜브를 그만두신 분도 보았습니다. 아마 카메라는 중고나라로 보내졌을겁니다.

영상 촬영이나 편집을 전문적으로 하시다가 유튜브를 시작하시는 분들에게 팁을 드리자면, 고퀄리티 영상으로 승부해서 성공하는 경우는 특이한 음식이나 운동 경기 등을 촬영하신 분들 외엔 드물다는 것을 말씀드립니다.
멋진 여행지 풍경만 엄청난 퀄리티로 영상을 찍어봐야 사람들이 잘 안봅니다. 사람들은 영상 퀄리티에 집중하는게 아니라 영상 안의 사람이나 이야기, 소재의 특별함에 집중합니다. 절대 많은 스탭을 데리고 유튜브 시작하지 마세요. 물론 왓썹맨이나 워크맨 급의 매력적인 배우 섭외나, 재미있고 흥미로운 대본을 쓸 자신이 있다면 모르지만요.

극단적인 사례로 총 제작비 몇억 정도를 들여 유튜브 시리즈물을 찍었는데 구독자가 겨우 2000명대 수준에서 머물렀던 채널도 있었습니다.

section - 05 촬영 품질에 대한 생각

과도한 영상품질에 대한 강박관념을 내려 놓으십시오. 시간과 비용을 투자해도 그만큼 시청자들의 만족도가 올라가지 않습니다. 그 자원을 영상기획에 투자하십시오.
영상편집 전문가들이 유튜버들을 볼 때 촬영편집 수준을 낮게 보는 경향이 있습니다.
유튜버는 영상 촬영과 편집만 하는게 아니라 스스로 배우가 되어 기획과 촬영, 편집, 채널 관리까지 다 합니다. 유튜버들은 이렇게 다양한 역량을 갖고 있는데 영상편집 능력 하나만 가지고 유튜버의 능력을 판단할 수 없습니다.

영상편집도 제대로 못하는데도 잘나가는 채널이 있습니다. 전문가들이 '시청자 수준이 낮아서 유튜버가 인기 있는거야' 라고 이야기하셔도 바뀌는 건 없습니다.
현재 잘 팔리는 채널이 정답입니다. 그 유튜버의 촬영 편집 실력만 보실 게 아니라 콘텐츠 기획이나 스피치, 표현력 등에 관심을 두어 살펴보십시오. 잘 팔리는 채널을 따라해 보시기 바랍니다.

section 06 채널기획

유튜브를 시작하기 전에 먼저 어떤 채널을 만들지 구상을 해 두어야 합니다.
고려사항은 다음과 같습니다.

> ▶ 고려사항
>
> ((•)) 분야, 소재 선택
>
> ((•)) 일주일에 내가 영상촬영과 편집에 투자할 수 있는 시간
>
> ((•)) 내가 좋아하는 분야인지, 잘하는 분야인지, 수요가 많은 분야인지 확인
>
> ((•)) 수익화 방안

유튜브 소재를 물어보시는 분들께 종종 에스컬레이터의 비유를 듭니다. '올라가는 에스컬레이터' 처럼 내가 노력한 만큼 성과가 나오는 분야가 있고 '내려가는 에스컬레이터'처럼 노력해도 도무지 성과가 나오지 않는 분야가 있습니다. 아무리 뛰어도 제자리 걸음만하는 '내려가는 에스컬레이터' 처럼 말이죠. 어떤 분야, 어떤 소재를 선택할 지가 정말 중요합니다.
퇴근 후 하루 2시간 정도 밖에 시간을 내지 못하는 분이라면 만들기 채널이나 장시간 편집이 필요한 콘텐츠는 제작하기 어려울 수 있습니다. 내 시간과 상황에 맞는 분야를 선택해야 합니다.
소재를 선택하실 때 다음 세가지는 필수적으로 생각해 주세요.

- **01** 내가 좋아하는 분야를 골라야 구독자가 없는 상황에서도 지치지 않고 열심히 할 수 있습니다.

- **02** 남들과 비교했을 때 경쟁력있고 내가 잘하는 분야이어야지 장기적으로 봤을 때 성공확률이 높습니다.

- **03** 수요가 있는 분야이어야지 채널의 한계점을 높일 수 있습니다.

- **04** 유튜브를 통한 광고수익 외 추가 수익화 방안을 생각해 두어야 합니다.
  유튜브 영상을 만드는데 들어가는 시간과 비용을 금전으로 보상받아야 하기 때문입니다.

광고수익만으로 생활이 되는 유튜버는 극히 드뭅니다. 자신의 본업과 연계가 되거나 상품 판매, 정보 판매등의 수익화 연계가 가능할 경우 채널을 지속할 수 있습니다.

십수 년 전에 UCC 열풍이 불었다 사그라 든 것을 기억하실 겁니다. 대중들의 관심을 많이 받는 것은 좋은데 결국 돈이 안되니 지속적인 콘텐츠 제작 활동이 이어질 수 없었습니다. 금전적으로 여유있는 분이시라면 취미 생활용의 유튜버도 괜찮겠지만 그게 아니시라면 현실적인 수익화 방안을 고려해 보십시오.

채널 기획에 참고할 수 있는 기획 양식과 예시 문서를 확인해 보십시오. 채널 분석 양식은 다른 사람들의 채널을 볼 때 어떤 점을 중점적으로 봐야 할지 확인하실 수 있습니다. 각 양식의 한글문서 파일은 youtubefab.com에서 다운로드 가능하십니다.

▶ 채널 기획 (예시)

채널명	당뇨TV
유튜브 목적	당뇨 도시락 판매를 통한 수익화
채널 주제	당뇨 상식, 건강 상식, 식사나 운동에 따른 당수치 변화

경쟁 현황	채널명	구독자	주력 콘텐츠, 특이 사항
	당뇨생활	1.96만	부부출연, 요리+먹방+혈당체크
	당뇨,꺼져	3.21만	외국인 운영, 당뇨 상식, 음식별 혈당체크
	당뇨스쿨	3.06만	한의원 홍보, 당뇨 상식, 무료 e-book 제공, 밴드&사이트&카톡 운영

목표 구독자	2020년 10월까지 구독자 5,000명
업로드 주기	주 4회
촬영 도구	스마트폰, 웹캠
주당 투자시간	토,일 6시간씩 / 12시간
사용 SW	OBS 녹화, 뱁믹스, Vrew, 미리캔버스
경쟁력 차별성	정보수집(당뇨 서적 10권, 의사들이 보는 당뇨 전문 서적 보유. 당수치가 높은 당뇨 환자로서 당수치를 낮춰나가는 과정을 시리즈로 업로드

만들 수 있는 영상 주제

- 나무위키 당뇨파트 편집하기. 비판
- 소아당뇨
- 당뇨인의 생활습관
- 당뇨인에게 좋은 운동
- 당뇨 100문 100답(시리즈물)
- GI 수치를 알아보자
- GI 다이어트, 당뇨주스
- 당뇨완치 사례
- 인슐린 의존성 당뇨병
- 인슐린 비의존성 당뇨병
- 인슐린에 대해 알아보자
- 췌장이식
- 당화혈색소
- 저혈당이란
- 저혈당의 위험성
- 당뇨병에 걸린 유명인

- 당뇨 초기증상
- 당뇨에 좋은 음식
- 정상인의 당수치, 당수치 재는 법, 당뇨수치표
- 당뇨병의 원인
- 당뇨 도시락 리뷰
- 음식별 혈당수치 실험, 및 음식 리뷰
- 운동, 움직임 별 혈당수치 실험
- 당뇨와 미네랄. 필리핀에서 유명한 혈당 강하 음식만 들어서 먹어보기
- 당뇨에 대한 책 리뷰
- 보건소에서 당뇨검사 받기
- 당뇨 합병증 (시리즈물)
- 당뇨약 알아보기
- 당뇨와 비만
- 당뇨병에 대한 대책

▶ 채널 기획

채널명	
유튜브 목적	
채널 주제	

	채널명	구독자	주력 콘텐츠, 특이 사항
경쟁 현황			

목표 구독자			
업로드 주기		촬영 도구	
주당 투자시간		사용 SW	
경쟁력 차별성			

만들 수 있는 영상 주제

▶ 채널 분석(예시)

- 채널명 : 당뇨스쿨

- 채널 분야 및 주제 : 당뇨 정보

- 유튜버의 특징, 캐릭터 : 당뇨전문 한의원에서 운영. 한의사 3명 출연, 의사 가운 착용
  명찰 착용 통해 전문성 드러냄

- 출연자, 영상에 자주 나오는 요소 :

- 수익화 방안 : 운영하는 한의원으로 고객 유입

- 시청자 층 : 당뇨병에 관심있는 사람. 본인이 당뇨환자이거나 당뇨환자를 가족으로 두고 있는 사람

- 주로 업로드하는 콘텐츠 유형(재생목록 참고) : 당뇨 상식 위주의 영상. 당뇨 퀴즈, E-Book
  소개, 당뇨에 좋은 음식 레시피, 당뇨에 좋은 운동

- 조회수 많은 영상 10개
  당뇨약 없이 당뇨병 예방 및 치료하는 법, 소변에서 나오는 거품 당뇨 때문일까요?,
  당뇨환자가 홍삼을 먹어도 될까요?, 당뇨환자는 과일을 어떻게 먹어야 할까요?, GI지수,
  당뇨와 술의 관계, 당뇨 진단 테스트, 혈당체크 잘하고 있나요?, 공복혈당 수치가 높은 이유,
  잠을 푹 자는 방법, 당화혈색소란?

- 업로드 주기와 평균 영상 길이 : 한달 15개, 5분 내외

- 시청자들의 댓글 반응 : 잘못 알고 있던 상식 고백, 추가적인 궁금증 사항 질문 등

- 페이스북,인스타, 블로그 등 SNS 운영 여부 : 한의원 사이트, 네이버 밴드, 카카오톡 플러스
  친구, 어플 운영

- 최근 영상 확인
  다양한 영상, 이미지를 통해 알기 쉽게 내용 전달, 깔끔한 배경, 화면 왼쪽 상단에 말하는
  키워드 표시, 자막 모두 표시

- 영상 제목의 키워드, 섬네일 퀄리티, 주제 선정, 댓글 관리, 영상내용 확인 :

- 스크립트를 통해 대본 내용 전개 방식 확인
  x가 궁금하시죠? -> x가 중요한 이유 -> x가 부족한 이유 -> x에 좋은 식품 -> x에 좋은 식품을
  섭취하는 방법' 이런 식으로 체계화된 내용 전개

section - 06 채널기획

▶ 채널 분석

- 채널명 :
- 채널 분야 및 주제 :
- 유튜버의 특징, 캐릭터 :
- 출연자, 영상에 자주 나오는 요소 :
- 수익화 방안 :
- 시청자 층 :
- 주로 업로드하는 콘텐츠 유형(재생목록 참고) :
- 조회수 많은 영상 10개
- 업로드 주기와 평균 영상 길이 :
- 시청자들의 댓글 반응 :
- 페이스북,인스타, 블로그 등 SNS 운영 여부 :
- 최근 영상 확인
- 영상제목의 키워드, 섬네일 퀄리티, 주제 선정, 댓글 관리, 영상내용 확인 :
- 스크립트를 통해 대본 내용 전개 방식 확인

section 07 영상 촬영 순서

영상의 촬영 순서는 다음과 같습니다.

01 영상 기획, 스토리 보드, 스크립트 만들기

소재 선정과 함께 외부의 어떤 장면이 필요할지 생각해 보고 스토리 보드를 짜봅니다.
스토리 보드는 남에게 보여주는 것이 아닌 나만 보면 되므로 연습장에 알아볼 수 있는 정도로만 그리면 됩니다. 장면 전환이 없는 영상이라면 대본을 만들어 둡니다. 처음부터 끝까지 내가 말할 내용을 적을 필요는 없고, 점차로 말하기에 익숙해진다면 말의 흐름과 키워드 정도만 준비하면 됩니다.

02 영상 촬영

스토리 보드, 스크립트를 참고하여 필요한 영상들만 촬영합니다.
만약 스토리 보드나 대본이 준비되어 있지 않은 상태로 영상 촬영을 진행한다면 영상 분량이 필요한 것보다 많아질 수 있습니다. 분량이 늘어나게 되면 나중에 영상 편집할 때 촬영한 영상을 최소 1~3회 정도는 봐야 하므로 작업시간이 늘어나게 됩니다. 무작정 영상을 찍지 말고 최소한 어떤 영상을 찍고 어떤 장면이 필요한지를 생각해둔 채 딱 필요한 부분만 영상을 찍도록 해야 합니다. 촬영 분량을 줄여야 편집할 분량도 그만큼 줄어듭니다.

03 영상 편집 / 빼기, 재료 준비하기

영상 편집의 첫걸음은 빼기에서 시작됩니다. 영상 편집을 시작할 때 가장 먼저 촬영한 영상들 중 사용할 영상들을 선택하고 나머지 불필요한 영상들을 빼는 과정이 필요합니다. 유튜브를 시작하는 초기에는 3~5분 정도의 영상이 적당합니다. 그 이상 긴 시간 동안 시청자들을 영상에 집중시키는 것은 초보자들에게 쉽지 않습니다. 게다가 늘어지는 부분이 있어 영상 중간에 시청자들이 이탈할 수 있습니다.
그 다음에는 영상 안에 삽입할 다른 영상이나 이미지, 배경음 등을 준비합니다.

04 영상 편집 / 컷 편집

영상 편집 프로그램에서 준비한 영상들을 기획한 순서대로 이어붙입니다.
영상 내에 불필요하게 늘어지거나 재미없는 부분이 발견된다면 잘라줍니다.
순서대로 영상들을 이어붙인 후에는 영상 안에 이미지나 다른 영상 등을 삽입합니다.

section - 07 영상 촬영 순서

05 자막 넣기

자막과 배경음, 효과음 등을 넣어 줍니다.

06 영상 취합 및 인코딩

인트로와 아웃트로를 갖고 있는 분들은 본 영상의 앞뒤에 해당 영상들을 추가한 후 인코딩을 해줍니다.

07 섬네일 제작 및 유튜브 업로드

인코딩시 시간이 많이 걸리므로 기다리는 동안 영상 제목과 설명란을 작성해둡니다.
그 후 섬네일을 제작합니다. 유튜브 영상들의 조회수를 늘리려면 가장 먼저 제목과 섬네일 이미지가 흥미롭고 어그로를 끌어내야 합니다. 물론 영상 내용과 별개의 내용으로 어그로를 끈다면 시청자들이 영상을 클릭한 지 얼마 안되어 빠져나가기 때문에 낮은 시청시간을 기록하게 되어 결과적으로 영상이 퍼지는데 악영향을 끼칩니다. 영상과 연관된 내용으로 최대한 시청자의 눈길을 끌 수 있도록 섬네일과 영상 제목을 설정해야 합니다. 아무리 잘 만든 영상 일지라도 일단 사람들이 클릭해야 영상이 재생됩니다. 섬네일과 영상 제목은 가장 첫번째 단계인 영상 클릭율을 높여주는 아주아주 중요한 요소입니다. 영상 클릭율은 크리에이터 스튜디오의 분석탭에서 확인할 수 있습니다.

● 〈유튜브의 맞춤 동영상〉

● 〈유튜브의 다음 동영상〉

유튜브 첫 화면의 맞춤 동영상이나. 유튜브 화면 우측의 다음 동영상에 보면 여러가지 영상들의 섬네일이 보일겁니다.
시청자들이 영상을 클릭하는 기준으로 섬네일과 제목이 얼마나 그들의 흥미를 유발하는지에 달렸습니다.

PART - 02 시간을 절약하는 촬영과 편집

● 〈유튜브 크리에이터 스튜디오 클릭율 화면〉

유튜브 '크리에이터 스튜디오'의 분석란에서 내 영상이 얼마나 많이 클릭되었는지 확인해 볼 수 있습니다. 위 클릭율 화면을 보시면 유튜브에서 내 영상의 섬네일이 8.9만 회 시청자들에게 보여졌고 그 중 클릭은 총 5,500번 되었습니다. 클릭율로 따졌을때는 6.1%의 확률입니다. 100번 보였을 때 6번 내외 클릭되었다는 것을 말합니다. 섬네일과 제목을 잘 만들 경우 클릭율을 극적으로 높이 올릴 수 있습니다. 조회수가 저조했던 영상을 나중에 제목과 섬네일만 바꿔서 조회수를 반등시킬 수도 있습니다.

section 08 영상 제작 예시 1

01 영상 아이디어

골목식당을 소재로 영상을 찍으시는 분들이 많습니다. 구독자가 적은 유튜버들도 꽤나 많은 조회수를 올릴 수 있는 소재인데요. 이 부분에 대해서 알려주는 영상을 찍어보려 합니다.

02 누구에게 보여줄 건지.

유튜브에 관심있는 사람, 성인 대상

03 영상 제목

제목을 먼저 정합니다. 적당한 키워드는 '유튜브 조회수 올리기'라고 생각되네요. 제목은 '백종원의 골목식당으로 유튜브 조회수 올리기' 로 정했습니다. 물론 유튜브를 보는 사람의 절대다수는 검색이 아닌 유튜브 알고리즘의 추천에 의해 영상을 이어서 봅니다. 하지만 초반 구독자가 없을 때는 알고리즘의 추천을 기대할만한 최소 조회수 자체가 나오질 않습니다.
그렇기에 검색을 통한 유입을 노려봅니다. 제목은 검색을 염두에 두고 정하고, 섬네일에 넣을 텍스트도 생각해 봅니다. ' 백종원을 따라다니는 유튜버들?' 이렇게 하는 게 사람들의 흥미를 끌 수 있을 것 같습니다. 자, 이제 영상의 제목과 섬네일의 텍스트 둘 다 정하였습니다.

04 대본작성

이제 대본을 쓸 차례입니다. 3분 정도 분량의 대본을 작성하려고 하는데 3분짜리 영상은 공백 포함 1,200자 정도의 대본을 만들어야 합니다. 5분이면 2,000자, 10분이면 4,000자 분량을 작성해야 합니다. 아래는 제가 작성한 대본 초안 일부입니다.

> ▶ 대본초안
>
> 2020년 여전히 구독자 수가 100명 이하의 작은 채널이라도 골곡식당에 출현한 식당을 방송직전 촬영하면 보통 5,000 정도의 조회수는 얻어낼 수 있습니다. 운이 좋아 첫 영상을 골목식당 영상으로 찍고 조회수 10만을 달성한 유튜버도 있습니다. 왜냐하면 유튜브에는 백종원의 골목식당에 출현한 식당의 먹방 영상만 찾아보는 시청자 집단이 생겼기 때문입니다. 우선 조회수와 구독자를 얻기 위해 브이로그나 먹방을 찍는 분이라면 방송에 나오거나 이슈가 있는 식당을 먼저 찾아가길 권해드립니다.

이제 작성한 대본을 3~5회 읽어본 후 말했을 때 어색한 부분을 지웁니다. 그리고 긴 문장들은 짧게 바꿔줍니다. 긴 문장은 시청자들이 볼 때 이해도 잘 안되고 호흡이 짧은 문장으로 작성하여야 사람들을 붙잡아둘 수 있습니다. 문장을 줄일 때 극단적으로 생략하셔도 좋습니다.

> ▶ 2020년 여전히 구독자수가 100명 이하의 작은 채널이라도 골목식당에 출현한 식당을 방송직전 촬영하면 보통 5,000 정도의 조회수는 얻어낼 수 있습니다.

이 문장을 호흡이 짧게 바꾸고 더불어 문장구조도 살짝 바꿔보겠습니다.

> ▶ **문장구조**
> 올해 2020년에도 먹히는 방법입니다. / 구독자 100이하 작은 채널도 / 5000 이상의 조회수를 얻어내는 방법이 있습니다. / 뭘까요? / 바로 골목식당에 출현한 식당들 / 그 식당들을 찾아가는 겁니다. / 골목식당들을 소재로 / 영상들을 찍는거죠.

어떤가요? 유튜브에 사용하기 적합한 형태로 문장을 바꾸었습니다.
중복되는 단어들은 교체해 줍니다.

> ▶ '밥을 먹었다=식사를 했다=끼니를 때웠다=배불리 먹었다'

이런 식으로요. 하나 더 예를 들어보겠습니다.

> ▶ '그랬습니다=그러더군요=그러더라구요=그랬죠=했죠=하더라구요'

이렇게 단어들을 바꿔줍니다.
'지식백과사전 채널'의 경우 말의 어미들을 모두 바꿉니다.
대본에 말의 어미가 '있습니다, 때문입니다, 권해 드립니다, 같습니다' 이런 문장이 반복된다면 다른 문장으로 바꿉니다. 예를 들어 다음처럼 바꿔보면 좀 덜 지루한 문장으로 바뀝니다.

> ▶ '있습니다.=있다구요, 때문입니다=때문인걸 알아버렸습니다, 권해드립니다=하시는게 어떨까요?, 같습니다.=똑같죠'

section - 08 영상 제작 예시 1

대본은 시청자들을 지루하지 않게 해 주어야 합니다. 미리 대본에 말의 길고 짧음과 강약, 높낮이 등을 나만이 아는 표시로 기입하셔도 좋습니다. 위 대본을 수정해 보겠습니다.
긴 문장은 짧게, 유튜브에서 말하기 적합하도록 말의 리듬감을 생각하면서 대본을 작성합니다.
그리고 다시 몇 번 더 읽어봅니다. 자연스럽게 입에 붙을 때까지요.

> ▶ 올해 2020년에도 먹히는 방법입니다. / 구독자 100이하 작은 채널도 / 5000 이상의 조회수를 얻어내는 방법이 있습니다. / 뭘까요? / 바로 골목식당에 출연한 식당들 / 그 식당들을 찾아가는 겁니다. / 골목식당들을 소재로 / 영상들을 찍는거죠. (골목식당 사진)
>
> 평범한 사람이 유튜브 첫 촬영에 / 조회수 10만 찍기 / 가능할까요? / 골목식당 방송에 나오기 전에 / 스마트폰으로 그 식당을 촬영했는데 / 마침 그 식당이 논란이 되어 / 조회수 10만을 달성했던 채널이 / 존재하지요.
>
> 왜일까요? / 우리나라 유튜브 시청자 중에는 독특한 집단이 있습니다. / 백종원의 골목식당에 나온 / 그런 식당 유튜브 영상만 찾아보는 사람들이 있습니다. /
>
> 평범한 사람이 찍은 영상이라도 / 백종원의 골목식당 / 내가 방송에서 본 식당을 촬영했기에 / 그 영상을 찾아봅니다. 그 채널이 구독자가 많든 적든 / 심지어 영상을 잘 못찍었더라도 봅니다.
>
> 왜? / 내가 아는 골목식당 보려고 영상 클릭하는거니까요.
> 유튜브 초반에 조회수 잘 나오기란 / 정말 정말 힘듭니다. / 아무도 내 영상을 안봐요 / 운좋으면 조회수 100? (우는 사람 사진으로)
>
> 특히 브이로그나 먹방 쪽이 심합니다. / 유명하지 않은 사람의 브이로그 / 사람들이 잘 모르는 평범한 식당의 영상 / 조회수가 나올리가 없겠죠?
>
> 채널 초반 방송에 나오거나 / 이슈가 있는 식당이나 장소를 / 소재로 삼는 것은 어떨까요?

어떤가요? 실내에서 정보 튜브나 이야기 튜브를 촬영하신다면 이런 식의 대본작성 과정을 꼭 거치시길 바랍니다.

PART - 02 시간을 절약하는 촬영과 편집

05 촬영

(●) 촬영준비단계 : 작성한 대본을 종이에 출력하여 스마트폰 뒤에 배치하거나 컴퓨터 화면에 띄웁니다. 스마트폰을 켠 후 정면을 봐줍니다. 내 시선이 어떻게 비춰지는지 확인합니다. 짧게 영상을 촬영해 본 후 확인하셔도 좋습니다. 전면에 카메라가 여러 개가 있다면 손가락으로 가렸을 때 화면이 가려지는 렌즈가 나를 촬영하는 렌즈입니다. 공간이 깨끗하다면 그대로 촬영하셔도 되고 지저분하다면 크로마키 천이나 배경지를 뒤에 설치하십시오. 가급적 깔끔한 장소에서 촬영하시는 게 좋습니다. 필요하다면 간단한 메이크업을 추천드립니다. 남성이더라도 눈썹 칠하기, 비비크림 정도의 메이크업은 해 주는 것이 좋습니다. 영상촬영 때 화면에 띄울 이미지들이 있다면 확인합니다.

(●) 촬영 단계 : OBS 스튜디오를 통해 웹캠 촬영을 시작합니다. 발음을 잘 못하거나 틀린 부분이 있어도 끊지 말고 잠깐 쉬었다가 이어서 촬영합니다. 편집은 추후 Vrew를 통해 한번에 진행합니다.

06 편집

(●) 컷편집 및 자막 넣기 : 영상 소스가 여러 개가 아니라면 Vrew에서 1차 컷편집 후 자막을 만듭니다. 만약 영상 소스가 여러 개라면 다른 영상 편집 프로그램에서 1차로 영상을 하나로 이어 붙인 후 Vrew에서 불러 와 컷편집을 진행합니다.(2020년 5월 기준 Vrew에서는 한번에 하나씩 영상을 추가할 수 있어 여러 개의 영상을 추가할 때 상당히 번거롭습니다.) 영상 내에 삽입할 이미지가 있다면 Vrew에서 이미지를 넣는 게 편합니다.

(●) 편집 소프트웨어에서 Vrew 편집한 영상을 뱁믹스에서 불러옵니다.
자막에 효과를 넣고 배경음, 효과음 등을 추가하여 영상 제작을 완료합니다.

section 09 영상 제작 예시 2

영상 제작 사례를 한가지 더 보여드리겠습니다. 먼저 스마트폰으로 브이로그 형태의 영상을 제작하는 과정입니다.

01 기획하기

- 소재 : 건망증
- 제목 : 30대 남자 건망증이 부른 대참사 | 건망증 테스트
- 필요한 장면

> ▶ 집까지 걸어가는 장면
>
> 출근할 때 보일러나 전등 불 끄는 것을 잊어버리는 장면
> 머리를 싸매고 좌절하는 장면
> 종이에 메모를 하다 메모지를 구기는 장면
> 소리지르며 리모콘을 찾는 장면
> 회사에서 직원과 한참 이야기하다 멍해지는 장면
> 책상에 앉아 건망증에 대해 이야기하는 장면

- 대본 스크립트

> ▶ (이 내용은 책상 위에 앉아 카메라를 보고 촬영합니다.)
> 건망증은 치매랑은 달라요.
> 건망증은 스트레스 같은 심리적인 요인 때문이래요.
> 뇌에 피로가 누적되서 발생하는 게 건망증이래요.
> 건망증을 개선하려면.
> 우선 충분한 숙면을 취해야 합니다.
> 자기 직전 스마트폰이나 컴퓨터 금지. 자기 전 야식 금지.
> 그리고 적당한 운동.
> 운동을 해야 산소가 적당히 공급이 된데요.

PART - 02 시간을 절약하는 촬영과 편집

> ▶ 그리고 스트레스 받지 않기
> 그리고 일단 중요한 일은 메모를...
> 안하던 일을 해서 뇌에 자극을 주거나...
> (.집 둘러보기.. .)
> 마이크 꺼냄.
> 다시 걷기..
> 걸으면서 중얼중얼....

02 미리 계획했던 영상들을 촬영합니다.

03 적당한 이미지를 골라 섬네일을 만듭니다.

04 Vrew로 편집을 시작합니다. 편집할 때는 컷편집, 트랜지션, 배경음 넣기 정도만 진행합니다.

05 영상을 업로드합니다.

section 10 영상 제작 예시 3

제가 웹캠으로 영상을 촬영하는 방식입니다. 주로 회사에서 촬영하기 때문에 최대한 시간 소모를 적게 하고 편집을 덜 하는 방식으로 촬영합니다. 영상을 기획할 때는 따로 시간을 내는 게 아니라 주로 생각나는 소재를 메모했다가 사용합니다. 이런 방식으로 영상을 촬영, 편집한다면 하나의 영상을 제작하는데 3시간 정도면 충분합니다.

> ▶ **영상 촬영 & 편집 방식**
>
> ((●)) 영상 기획 및 대본 작성, 수정 1시간
>
> ((●)) 영상 촬영, 섬네일용 이미지 준비
>
> ((●)) Vrew 1차 편집 / 텍스트 보며 불필요한 부분 컷편집
>
> ((●)) Vrew 2차 편집 / 무음삭제 -> 음성을 들어보며 컷편집, 오타 수정, 자막 줄바꿈
>
> ((●)) Vrew 3차 편집 / 영상 보면서 이상한 부분 검토 및 수정
>
> ((●)) Vrew 4차 편집 / 이미지 넣기, 영상 다시 한번 시청, 이 후 영상과 자막 따로 저장
>
> ((●)) 망고보드로 섬네일 제작(미리 캔버스로 대체 가능)
>
> ((●)) 뱁믹스 편집 / 자막 오타 확인, 자막 효과, 배경음과 효과음 추가
>
> ((●)) 영상 저장 후 폴더에 백업
>
> ((●)) 영상 업로드

실제 작업하는 화면은 youtubefab.com에서 영상으로 확인가능합니다.

Vrew는 글자를 기준으로 편집하는 것이기 때문에 초보자들도 정확한 타이밍에 영상을 잘라낼 수 있습니다. 일반적인 편집프로그램은 영상의 동작이나 오디오 파형을 보고 영상을 편집해야 하는데 매우 불편합니다. 다양한 영상 편집 프로그램을 사용해 보았지만 컷편집 속도면에서는 Vrew가 가장 빠릅니다. Vrew를 자막 넣는 프로그램이라고 많은 사람들이 알고 있는데 컷편집에 사용해 보십시오.

컷편집을 하면서 자막의 틀린 부분들도 수정합니다. 대본을 충실하게 썼다면 편집시간을 상당히 줄일 수 있습니다.

Vrew에서 편집을 끝내고 영상과 SRT 자막을 따로따로 저장한 후 뱁믹스에서 불러옵니다.
프리미어나 베가스로 자막 효과를 주는 것보다 2배 이상 빠르게 자막 효과 작업이 가능합니다.
외부에서 불러 온 SRT 자막을 간단하게 여러 가지 다양한 예쁜 자막으로 교체해 줍니다.
이후 배경음과 효과음, 이미지 등을 추가합니다.
정보를 제공하는 유튜버라면 반드시 자막을 넣으십시오. 자막을 꼭 넣어야겠는데 자막 편집 속도가 너무 느린 분들, 정확한 타이밍에 영상 컷편집하는 게 힘든 분들은 Vrew를 써 보세요.
그리고 인기 유튜버들처럼 여러 가지 효과를 넣은 이쁜 자막을 사용해보고 싶은 분들은 뱁믹스를 사용해 보세요.

section 11 Vrew를 통한 영상 편집 매뉴얼

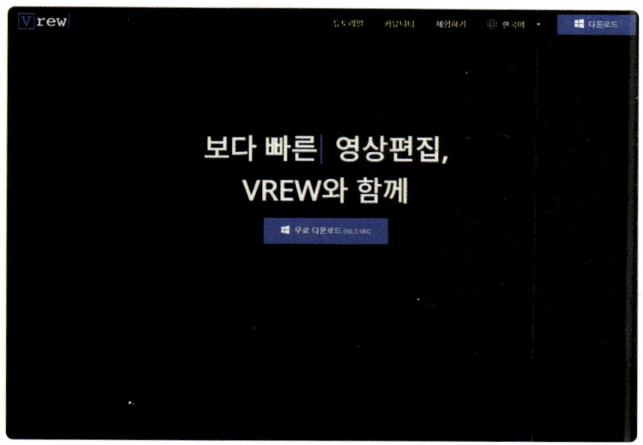

이 프로그램은 두가지 목적으로 사용합니다. 첫 번째 빠른 영상 컷 편집, 두 번째는 자막달기입니다. 영상을 편집할 때 가장 중요한 것이 컷 편집입니다. 전문 방송인이 아닌 이상 우리들은 말을 더듬거나 실수를 하는 경우가 상당히 많습니다. 말할 때 틀린 부분을 찾아서 정확히 발음이 시작되는 부분과 끝나는 부분을 선택하는 데는 상당한 시간이 걸립니다.
영상 편집자들이 제일 싫어하는 것 중 하나가 틀린 말한 부분을 정확히 자르고 자막을 넣는 일입니다. 이 프로그램은 영상이나 소리를 기준해서 편집하는게 아니라 글자를 보고 편집합니다. 또한 영상의 음성을 자막 텍스트로 자동 변환시켜 줍니다.

저는 이 프로그램을 사용한 후 자막넣는 시간이 엄청나게 줄어들었습니다.
편집 시간을 절약해 주는 프로그램입니다. 브이로그 형태가 아니라 정보전달에 집중하는 채널이라면 이 프로그램의 사용은 필수와 같습니다.

▶ 설치

https://vrew.voyagerx.com 사이트에 접속하면 전면에 다운로드 버튼이 보일 겁니다. 설치 파일을 다운로드한 후 실행하여 설치를 마무리 합니다. 2020년 5월 기준 윈도우나 맥, 아이폰에서 작동합니다. 2020년 안에 안드로이드 폰에서 사용 가능하도록 업데이트가 된다고 합니다.

PART - 02 시간을 절약하는 촬영과 편집

메뉴 설명

01 파일 메뉴

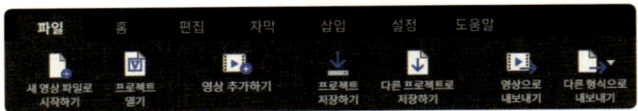

◉ 새 영상 파일로 시작하기

새로운 영상을 불러옵니다. 영상을 불러 오면 영상 안의 문장을 자동 추출해 자막으로 변환해 줍니다.

◉ 프로젝트 열기

Vrew에서 저장했던 프로젝트 파일을 불러옵니다.

◉ 영상 추가하기

영상을 더 추가할 수 있습니다. (Vrew는 영상을 불러올 때마다 음성분석 과정을 거치기 때문에 시간이 굉장히 많이 걸립니다. 저의 경우 다른 프로그램에서 영상의 1차 컷편집인 '더하고 자르기 과정'을 마쳐서 하나의 파일로 만든 후에 Vrew에서 불러옵니다.)

◉ 프로젝트 저장하기

Vrew에서 다시 편집하기 쉽도록 Vrew 전용 파일로 저장해 줍니다. Vrew로 자막을 삽입한 후 영상으로 저장하였을 때, 그 영상의 자막을 재수정하는 방법은 없습니다. 프로젝트로 저장해야 재수정이 가능합니다.
(프로젝트로 저장할 때는 원본 영상파일도 같이 저장되어 있어야 합니다. 원본 영상 파일을 지웠다면 프로젝트 파일은 열리지 않으므로 주의하셔야 됩니다.)

◉ 다른 프로젝트 저장하기

지금 작업 진행 중인 프로젝트가 아닌 다른 이름의 프로젝트로 저장합니다.

section - 11 Vrew를 통한 영상 편집 매뉴얼

동영상 내보내기

동영상을 내보낼 때는 몇 가지 옵션을 선택할 수 있습니다.

'대상 클립' 메뉴에서 '전체 클립'은 전체 작업물을 동영상으로 저장합니다.
'현재 씬의 전체 클립'은 동영상별로 선택하여 저장합니다.
'현재 씬의 선택된 클립'은 아래처럼 문장 단위로 선택하여 저장할 수 있습니다.
현재는 연속된 클립만 선택 가능합니다.
(Vrew에서 클립이란 위처럼 하나의 자막 단위를 말합니다.)

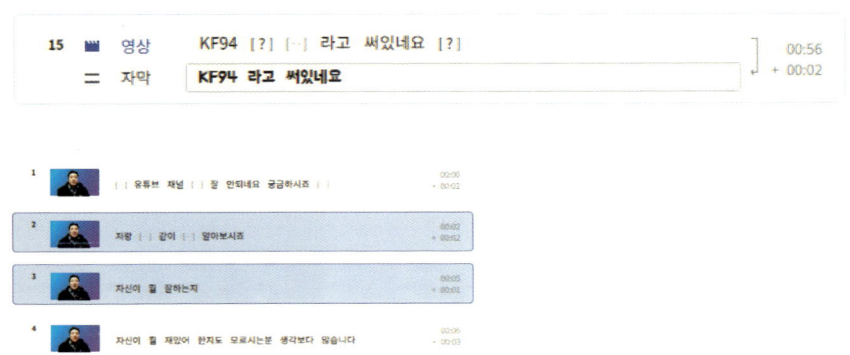

'해상도'는 FHD를 선택하면 됩니다. 그 이하는 선명도가 낮은 저해상도입니다.
'화질'을 높일수록 저장하는 시간이 오래 걸리고 용량이 커집니다. '고화질'과 '최고화질'로 각각 인코딩하여 저장했을 때 큰 차이가 느껴지지 않습니다.
저의 경우에는 '고화질' 저장을 사용합니다.

77

PART - 02 시간을 절약하는 촬영과 편집

◉ 다른 형식으로 내보내기

자막파일로 내보내기

텍스트로 내보내기

Premiere Pro xml 로 내보내기

Final Cut Pro xml 로 내보내기

Davinci Resolve xml 로 내보내기

투명 배경 자막 영상으로 내보내기

오디오파일로 내보내기

이미지로 내보내기

'자막 파일로 내보내기'는 SRT 자막으로 현재 제작된 자막만 저장합니다. SRT 자막은 유튜브에 따로 업로드가 가능하고 다른 편집 프로그램에서 불러 와 자막 효과 등을 넣는데 사용하기도 합니다. (저는 자막을 만든 후 움직임을 주거나 예쁜 디자인을 넣기 위해 뱁믹스 프로그램을 사용합니다.)

'텍스트로 내보내기'는 자막을 문서 파일 형태로 저장해 줍니다. 이때 다른 문서 프로그램으로 자막 편집하기를 원한다면 타임코드를 꼭 포함하여 저장하여야 합니다.

Premiere Pro xml 로 내보내기

Final Cut Pro xml 로 내보내기

Davinci Resolve xml 로 내보내기

프리미어, 파이널컷, 다빈치리졸브 등의 편집 프로그램을 사용한다면 각각 프로그램에 해당하는 옵션을 선택하여 작업물을 저장하면 됩니다.

'투명 배경 자막 영상으로 내보내기'를 선택하시면 자막을 영상에 덧씌울 수 있는 영상 형태로 저장해 줍니다.
'오디오 파일로 내보내기'는 영상의 음성만 따로 저장해 줍니다. (팟캐스트용 음성파일을 따로 저장할 때 유용합니다. 일부 이용자에게 음성파일을 따로 제공하는 용도로도 사용 가능합니다.)
'이미지로 내보내기'는 영상을 다음과 같이 자막 단위로 한 장면 한 장면씩 저장해 줍니다. (커뮤니티 사이트나 블로그, 카페에 이미지 형태로 업로드하기 유용합니다.)

section - 11 Vrew를 통한 영상 편집 매뉴얼

02 홈메뉴

- ◉ **되돌리기**

  이전 상황으로 되돌려줍니다. (실수로 삭제했을 때 다시 뒤로 돌리는데 많이 씁니다.)

- ◉ **다시실행**

  되돌리기를 한 다음 다시 이전에 실행했던 기능을 재실행해 줍니다.
  (되돌리기와 다시 실행은 서로 연동되는 기능입니다. 작업하다 보면 되돌리기, 다시 실행 기능을 사용하는 경우가 상당히 많습니다.)

- ◉ **자르기**

  해당 클립을 자르기 합니다. (나중에 붙여넣기할 때 씁니다.)

- ◉ **복사하기**

  해당 클립을 복사합니다.

- ◉ **붙여넣기**

  해당 클립을 붙여 넣습니다.

- ◉ **클립 합치기, 클립 나누기**

  선택한 클립들을 합칩니다. (저는 클립을 합칠 때는 앞 클립의 마지막 문장에서 Del 키를 눌러 뒷 클립을 가져오거나, 뒷 클립의 첫 문장 앞에서 백스페이스 키를 눌러 앞 클립 뒤에 뒷 클립을 합쳐줍니다.)

⦿ 클립 나누기

클립에서 마우스가 클릭된 부분을 기점으로 클립을 나눠 줍니다.
(저는 엔터키를 눌러 클립을 나눕니다. 클립 합치기와 클립 나누기 작업시 엔터와 백스페이스를 사용해 합치고 나눕니다. 자막 편집할 때 편리합니다.

⦿ [배달의민족 한...▼] 폰트 선택 메뉴

원하는 폰트(글씨모양)를 선택할 수 있습니다.

⦿ [AA 100▼] 글씨 크기 조정

글씨 크기를 조정합니다.

⦿ [테두리▼] 자막 모양 정하기

● 테두리　　　　● 기본
● 배경　　　　　● 그림자

가독성을 위해 자막 모양은 '배경'을 선택하는 것이 좋습니다. '테두리', '배경', '그림자' 모양은 우측의 색 선택 아이콘을 클릭하여 색을 변경할 수 있습니다.

⦿ 무음구간 줄이기

말하지 않는 구간들을 인공지능이 자동으로 인식하여 없애주는 기능입니다. 우리들이 확실한 발음을 한다면 좋겠지만 아나운서가 아닌 다음에야 인공지능이 명확히 우리의 음성을 인식하기는 힘듭니다.

section - 11 Vrew를 통한 영상 편집 매뉴얼

2　　저 [?] 두바이에서 도 [..] 무한패링 때문어 시끌벅적합니다 [..]　　00:04
　　저 두바이에서 도 무한패링 때문에 시끌벅적합니다　　+ 00:03

위 이미지처럼 음성으로 인식되지 않는 소리 구간은 [?]이런 식으로 표시됩니다.
위 이미지 상황에서는 '저어기(저기)'라고 말했는데 '저'까지만 인식하고 '어기'부분은
인식이 안되어 물음표 처리되었습니다.

[..]이 부분은 소리가 나지 않는 무음 구간입니다. 잠깐 우리가 숨을 쉬거나 말하지 않는
구간이죠. 우리가 말하는 영상을 녹화해 보면 말을 긆임없이 이어서하기란 쉽지 않습니다.
말을 잠시 멈추고 생각하거나 잠깐 대본을 볼 시간이 필요한데 이런 부분처럼 영상에
포함되면 안되는 구간들을 표시해 줍니다.

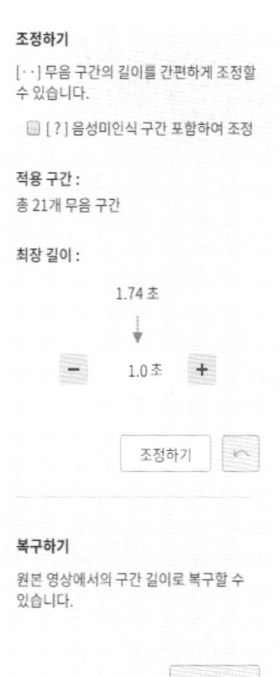

무음 구간 줄이기 버튼을 클릭했을 때 나오는 옵션창입니다.
'음성미인식 구간 포함하여 조정'은 클릭하면 안됩니다.
클릭할 경우 인공지능이 미처 인식하지 못한(발음이 불분명한)
부분들도 포함하여 지워버립니다.

'최장 길이는'는 소리가 없는 부분의 길이를 몇 초까지 허용
할건지 고르는 옵션입니다. 0.1초부터 1초까지 선택 가능합
니다. 너무 짧게 하면 말이 리듬감이 없이 끊어지는 경향을
보입니다. 1초 정도를 줍니다. '조정하기'를 누르면 선택한
'1초'를 넘기는 무음구간들은 자동으로 삭제됩니다.
(영상 편집시 '1초' 를 선택하면 보통 10% 정도의 무음 구간
이 정리되는 것 같습니다.)

'복구하기' 버튼을 누르면 무음 구간을 삭제하기 전으로
영상을 되돌려 줍니다.

이 무음 구간 삭제하기 기능을 이용하여 '대본 한줄 보고 한
줄 말하고 1초 정도 정면을 응시한 후 다시 대본 한줄 보고
한줄 말하고' 이런 식의 촬영도 가능합니다. 간단하게 무음
구간 삭제 기능으로 대본을 보는 영상 구간들을 지워버릴
수 있습니다.

PART - 02 시간을 절약하는 촬영과 편집

03 편집 메뉴

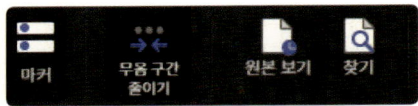

◉ 마커

임의로 어떤 클릭을 체크할 때 사용합니다.

마커의 색상들은 아래와 같습니다.

마커의 색상들을 어떤 기준으로 표시할지 알려드리겠습니다.

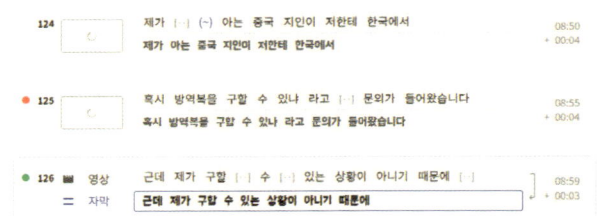

위 이미지에서 두 번째, 세 번째 클립에 마커를 넣어보았습니다.
빨간색은 흐름상 지워야 할지 말아야 할지 애매한 구간, 노란색은 이미지를 넣어야 하는 구간, 녹색은 재촬영 해야 하는 구간. 이런 식으로 기준을 정한 후 마커를 사용해 영상 편집할 구간들을 체크합니다.(마커를 꼭 쓸 필요는 없습니다. 저는 거의 사용하지 않습니다. 공동으로 편집한다면 이 구간을 지워야 할지 말아야 할지.. 또는 애매할 때 일단 마크 체크한 후 해당 부분을 다른 사람들과 같이 봐주세요)

◉ 원본보기

현재 편집 중인 영상을 시청할 수 있습니다. 영상으로 저장하기 전이라 끊겨서 보입니다.

section - 11 Vrew를 통한 영상 편집 매뉴얼

찾기

자막에서 특정 단어를 검색할 때 찾기 기능을 사용합니다.

04 자막 메뉴

자막 사용하기

"자막 사용하기" 버튼을 통해 자막을 켜고 끌 수 있습니다. "무음 구간 자르기"를 진행한 영상을 자막없이 따로 저장하고 싶다면 여기서 "자막 사용하기' 버튼을 눌러 자막을 끈 것을 확인한 후 파일 메뉴에서 영상 저장하기를 진행하면 됩니다.
자막 파일도 파일 메뉴에서 따로 자막을 저장합니다. 제가 쓰는 프로그램은 뱁믹스입니다. 제가 쓰는 프로그램에서 Vrew에서 저장한 영상을 편집하려면 영상과 자막파일을 각각 따로 저장하여 불러와야 합니다.
저처럼 Vrew에서 편집용 파일 저장을 제공하지 않는 프로그램(프리미어, 파이널컷, 다빈치리졸브외의 프로그램)을 쓴다면 이렇게 자막을 끈 영상과 , SRT 자막 파일을 따로 저장해서 불러와야 합니다.

텍스트 불러오기

텍스트 문서를 불러와 자막에 씌우는 기능입니다. 사용법은 다음과 같습니다. '파일 메뉴'에서 자막을 텍스트 파일로 저장합니다. 이 때 자막은 '타임코드'를 포함하여 저장해야 됩니다.

PART - 02 시간을 절약하는 촬영과 편집

타임코드를 포함하여 저장하면 아래처럼 표시 시간을 포함하여 자막을 저장할 수 있습니다.

00:04:46 두 번째는 손세정 됐네요
00:04:50 현재 대부분의 손세정제도 품절입니다
00:04:55 하지만 이 손 세정제는
00:04:58 집에서 간단하게 만들 수 있습니다

이렇게 저장된 문서를 편집한 다음에 '텍스트 불러오기' 기능을 통해 불러온 후 자막에 덮어씌우는 겁니다. 아무래도 Vrew보다는 문서편집기를 통해 자막을 수정하는 것이 더 편한 사람들도 있기에 이런 기능이 포함된 것 같습니다. Vrew에 익숙해지면 굳이 문서편집기에 자막을 보내지 않더라도 Vrew 자체에서 자막 글자를 편집해도 속도면에서 큰 차이가 나지 않습니다.

글자 색상 바꾸기

글자 색상을 변경합니다.

자막 유형을 '배경'으로 선택했을 때 배경 색의 투명도를 선택할 수 있습니다. 100%이면 불투명이고 이 수치가 낮아질수록 자막의 배경 색상이 투명해집니다. 가독성을 위해 자막 유형을 '배경'으로 선택하는 만큼 100%로 설정해 줍니다.

자막의 위치를 지정해 줍니다. - 수치로 갈수록 자막이 아래로 내려오고 + 수치로 올릴수록 자막의 위치가 위로 올라 갑니다.

section - 11 Vrew를 통한 영상 편집 매뉴얼

05 삽입 메뉴

이미지

영상에 이미지를 삽입합니다. 일반적인 편집 프로그램에서 영상을 넣을 때는 영상이 등장하는 시간과 사라지는 시간을 정확히 입력해야 합니다. Vrew에서는 클립 기준으로 이미지의 표시 시간을 설정할 수 있습니다.
아래처럼 미리 클립을 선택한 후 이미지를 삽입하면 딱 클립 시간만큼 자막이 표시됩니다.

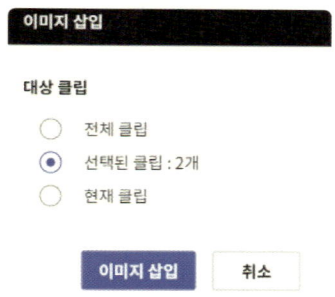

이미지를 불러올 때는 이미지의 크기와 위치를 지정할 수 있습니다.

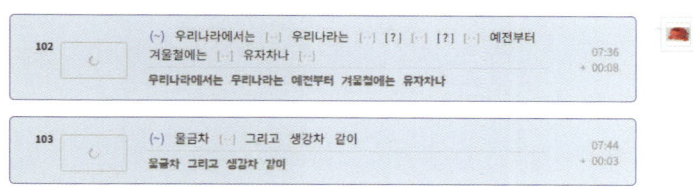

위 화면처럼 우측에 이미지가 삽입 상태로 표시됩니다.

06 설정 메뉴

- **((•)) 언어설정**

  사용 언어를 변경할 수 있습니다.

- **((•)) 프리뷰 위치 설정**

  미리보기 영상의 위치를 조정할 수 있습니다.

▶ 단축키

아래는 Vrew 프로그램의 단축키입니다.

파일

저장	Ctrl + S

플레이어

재생/일시정지	스페이스바 Ctrl + P

이동

이전 어절로 이동	Ctrl + ←
다음 어절로 이동	Ctrl + →
라인의 처음으로 이동	home
라인의 끝으로 이동	end
이전 클립으로 이동	Shift + tab
다음 클립으로 이동	tab
영상의 처음으로 이동	Ctrl + home
영상의 끝으로 이동	Ctrl + end

선택

모두 선택	Ctrl + A
선택 영역 확장	Shift + 방향키
선택 해제	Esc

편집

찾기	Ctrl + F
되돌리기	Ctrl + Z
다시실행	Ctrl + Y Shift + Ctrl + Z
잘라내기	Ctrl + X
복사	Ctrl + C
붙여넣기	Ctrl + V
클립 합치기	Ctrl + M
클립 나누기	Enter
다음 클립에 붙여넣기	Shift + Enter
음성 상세 편집	F2 Enter

section - 11 Vrew를 통한 영상 편집 매뉴얼

모든 단축키를 사용하는 것은 아닙니다. 자주 쓰는 단축키는 '엔터', '백스페이스', '재생/일시정지', '어절로 이동', '되돌리기', '복사', '붙여넣기', '음성 상세 편집'입니다.
그 외 단축키는 잘 사용하지 않습니다.

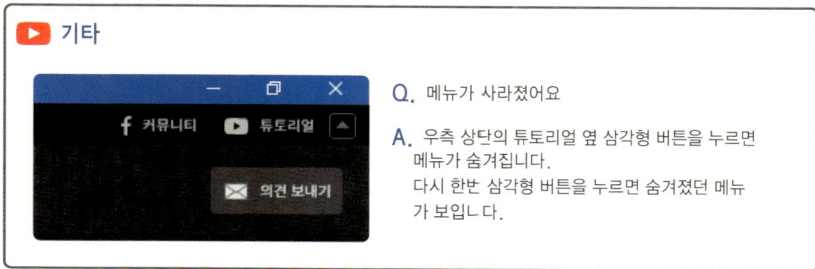

연습

여기까지 읽어보셨다면 본인이 말하는 모습을 영상으로 촬영한 후 Vrew를 통해 편집을 진행해보세요.

순서는 다음과 같습니다.

> ▶ 필요없는 클립 삭제 ▶ 무음 구간 자동 삭제 ▶ 엔터와 백스페이스 키를 통해 클립 합치기나 나누기, 자막 오타 수정 ▶ 검토

section 12 뱁믹스 매뉴얼

뱁믹스는 무료사용이 가능하며 영상편집에 필요한 기본적인 기능은 모두 갖추고 있습니다.
특히 자막효과 넣기가 편하기 때문에 유튜버를 준비하시는 초보자들에게 가장 적합한 프로그램입니다.
영상편집 시간 중 자막을 입력하는 시간이 제일 오래 걸린다는 분들이 있습니다. Vrew라는 프로그램을 이용하면 음성을 자막으로 자동으로 변환시켜주지만 처음 유튜브에 도전하는 사람들 대부분이 발음이 좋지 못한 경우가 많을 겁니다. 필자도 Vrew 프로그램 사용시 발음한 단어의 20% 정도는 전혀 다른 단어로 변환이 되는 것을 경험했습니다.

또한 자막은 말하는 내용 그대로 넣는 게 아니라 내가 강조하고 싶거나 추가적인 설명을 넣을 수 있는 것이 자막입니다. Vrew를 통해 말한 내용 그대로 전부 자막에 넣기보다는 예능 자막처럼 시청자들에게 어떻게 소통할 것인지 생각하며 자막을 통해 시청자에게 영상을 설명해 보세요.

● 〈뱁믹스 사이트〉

인터넷 주소창에 'http://www.vapshion.com' 를 입력하면 아래와 같은 화면이 보일 것입니다.
화면에 보이는 '뱁믹스 무료 설치하기' 버튼을 눌러 프로그램을 설치하고 회원가입을 진행해 주세요.
뱁믹스 프로그램은 아이디와 비번을 통해 로그인하여 사용하는 방식입니다.

section - 12 뱁믹스 매뉴얼

((•)) 영상 불러오기

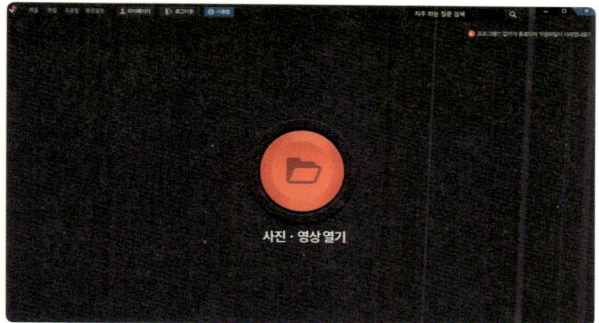

로그인하면 위와 같은 화면이 보일 것입니다. '사진, 영상 열기' 버튼을 눌러 영상이나 사진을 불러옵니다.

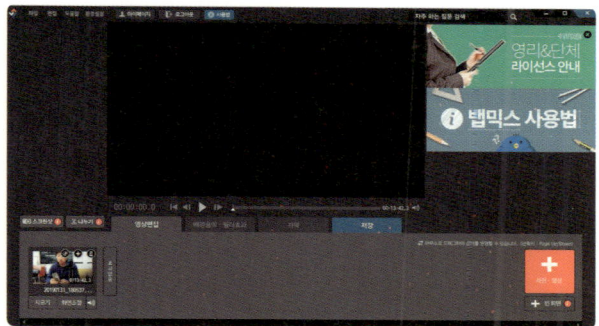

화면 아래 영상이 불러와진 것을 볼 수 있습니다.
이후에는 우측에 있는 ➕ 버튼을 통해 화면 아래 편집영역에 영상이나 이미지를 추가할 수 있습니다. 영상과 사진을 하나씩 더 추가합니다.

화면에 이처럼 영상과 이미지가 추가된 것을 확인할 수 있습니다.

89

PART - 02 시간을 절약하는 촬영과 편집

◉ 영상 자르기와 나누기

영상 중에 마음에 들지 않는 부분들은 잘라낼 수 있습니다.

화면의 '자르기' 버튼을 누르면 아래와 같은 새 창을 띄울 수 있습니다.

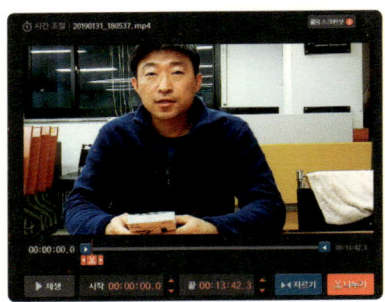

위에 보이는 양 옆의 화살표를 이동시켜 사용할 부분만 자릅니다.

위 화면에 보이는 것처럼 총 13분의 영상 중 시작 시간 3분부터 10분까지인 7분 간의 영상만 잘라 사용해 보겠습니다. 우측하단의 ▶◀자르기 버튼을 눌러 자르기를 실행하면 영상이 잘려집니다.

section - 12 뱁믹스 매뉴얼

13분이었던 영상의 길이가 7분으로 확 줄어든 것을 확인할 수 있습니다.

📢 영상과 사진의 순서 변경

편집란의 영상이나 사진을 마우스로 드래그하여 이동시켜 순서를 변경할 수 있습니다.

📢 영상 나누기

영상을 나누는 방법은 2가지가 있습니다.

- **01** 편집화면에 있는 ✂나누기 버튼을 클릭하면 현재 편집영상 아래 기재된 시간을 기준으로 영상이 둘로 나뉩니다.

● 02 편집할 개별 영상을 선택하여 나누는 방법입니다.

위 이미지를 참고하여 편집영상 아래 자르기 버튼을 누릅니다.

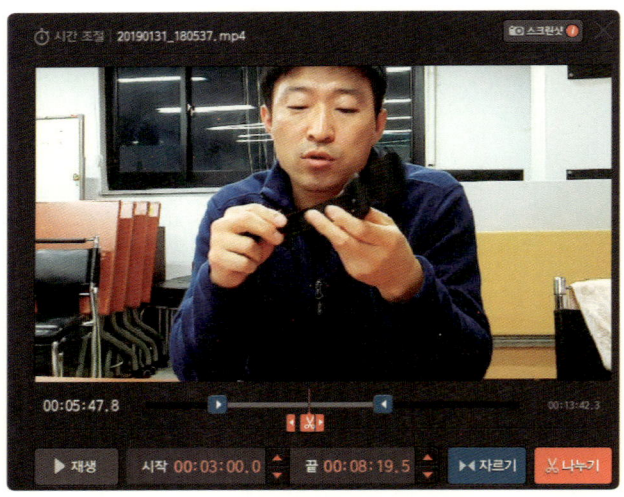

화면에 보이는 가위 아이콘을 이동하여 나눌 구간을 선택한 후 우측 아래 나누기 버튼을 누릅니다. 영상이 나눠진 것을 확인할 수 있습니다.

가위 아이콘 양 옆에 붙어있는 화살표 아이콘들은 나눌 구간을 0.1초 간격으로 이동시켜 줍니다.

section - 12 뱁믹스 매뉴얼

영상 스크린샷

영상 속의 특정 장면을 이미지로 저장하고 싶을 때는 좌측 아래의 스크린샷 버튼을 누르면 원하는 경로에 현재 화면 이미지를 저장할 수 있습니다.

영상 속도 조절, 복사, 삭제

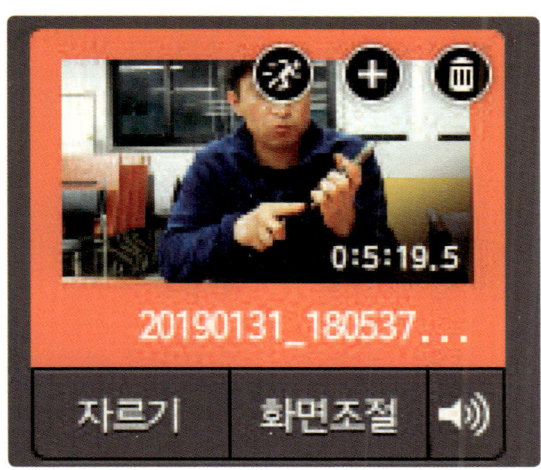

위 화면을 보면 이렇게 달리기, 더하기, 쓰레기통 모양의 아이콘 세가지가 보일 것입니다.

PART - 02 시간을 절약하는 촬영과 편집

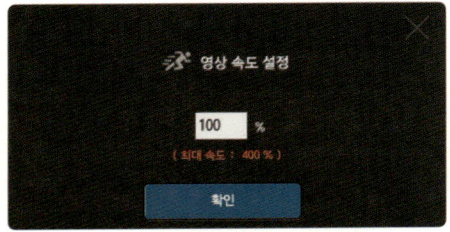

우선 달리기 버튼을 누르면 영상의 속도를 1%에서 400%까지 변경할 수 있습니다.
속도를 1%로 변경하면 4분짜리 영상을 400분으로 느리게 합니다. 반대로 속도를 400%로 변경하면 4분짜리 영상을 1분으로 빠르게 재생합니다.

더하기 버튼은 위 화면처럼 선택한 영상을 그대로 복사해 줍니다.
쓰레기통 버튼은 해당 영상을 삭제합니다. 별다른 경고 메세지나 선택창없이 바로 삭제하기 때문에 쓰레기통 모양의 삭제버튼을 눌러야 할 때는 항상 주의하여야 합니다.
(뱁믹스에는 되돌리기 버튼이 없다는 것이 큰 단점입니다.)

⦿ 회전, 화면조절

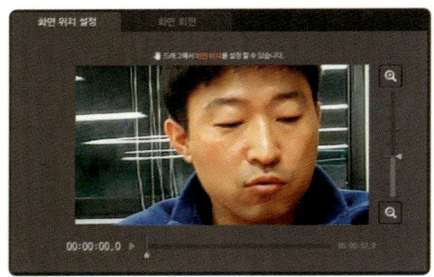

화면조절 버튼을 누르면 위와 같은 화면을 볼 수 있습니다.
'화면위치 설정'을 통해 화면의 줌 아웃을 조절할 수 있습니다.

section - 12 뱁믹스 매뉴얼

 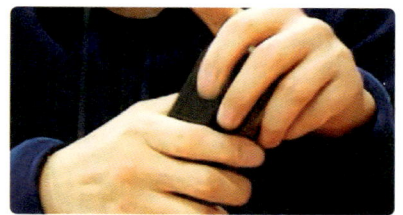

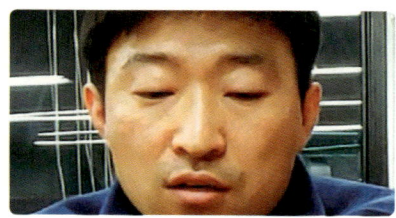

응용하면 위 화면처럼 편집영상을 세부분으로 나눈 후 첫 번째는 일반 화면,
두 번째는 화면조절 버튼을 통한 손움직임 클로즈업, 세 번째는 얼굴 클로즈업으로 변경 후
이어 붙일 수 있습니다.

시청자의 입장에서는 주인공이 무언가 설명하는 모습을 보다가 물건을 만지는 손으로
시점이 이동하고 다시 주인공의 표정으로 시점이 이동하게 됩니다.
화면조절 기능을 잘 사용하면 영상을 다이나믹하게 만들 수 있습니다.
화면조절 기능에 익숙해지셔야 됩니다. 특히 혼자서 영상을 촬영하는 분들은 출연하는
사람도 혼자이기 때문에 자칫 영상이 지루해질 수 있습니다.
그때 그때 내용에 따른 적절한 클로즈업을 통해 영상을 재미있게 만들어야 합니다.

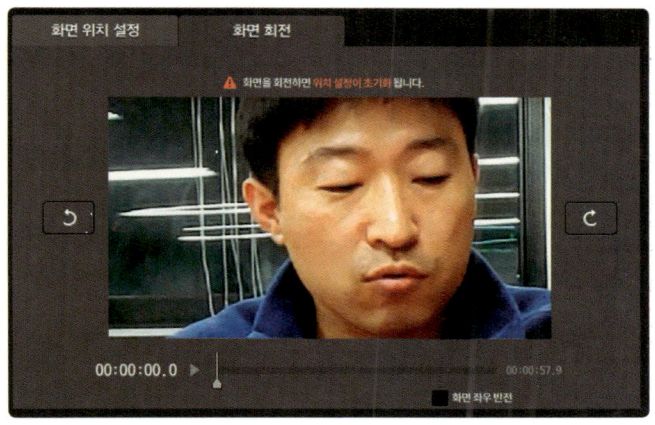

화면 회전 기능은 말그대로 90도씩 화면을 회전하는 기능입니다.
아래 '화면 좌우반전' 체크박스에 표시를 하면 화면을 좌우 반전시켜줍니다.

이미지의 조절

이미지는 영상과 다른 효과들을 줄 수 있습니다.

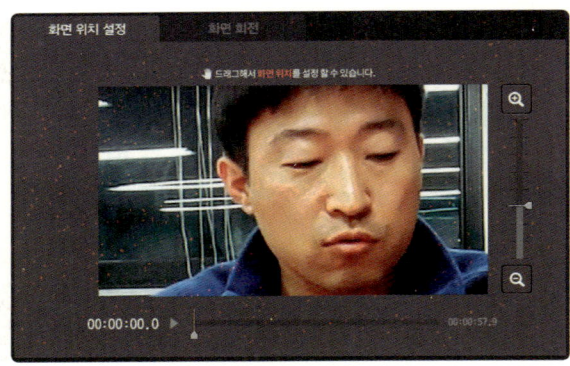

우선 화면에 보이는 것처럼 영상에는 있던 달리기 버튼과 자르기 버튼이 없습니다.
대신 시간 조절 버튼이 보입니다.

시간 조절 버튼의 경우 이미지를 얼마나 오래 보여줄 지 정할 수 있습니다. '모든 사진에 적용'
체크박스를 체크하면 모든 사진의 표시 시간을 한번에 바꿀 수 있습니다.

section - 12 뱁믹스 매뉴얼

'화면조절 버튼'을 누르면 영상과는 다른 화면을 볼 수 있습니다.

화면 아래의 '이동과 확대 축소 사용' 체크박스에 표시한 후에는 사진의 시작화면과 끝화면을
정한 후 움직이는 사진을 만들 수 있습니다.

가령 위 화면처럼 시작화면을 확대한 사진의 좌측상단으로 설정하고 끝화면을
사진 정면으로 설정한다면 사진을 보는 시야가 재생시간 동안 좌측 상단에서 출발하여
화면 정중앙으로 이동하는 것과 같은 효과를 줄 수 있습니다.

PART - 02 시간을 절약하는 촬영과 편집

'이동과 확대 축소 사용' 체크박스를 해제한다면 위 화면처럼 정지한 사진으로 표시됩니다.

⦿ 장면 전환효과 넣기

다른 영상들을 이어붙일 때 장면과 장면 사이의 화면전환 효과를 통해 부드럽게 이어줄 수 있는데 뱁믹스에서는 오버랩 효과 한가지만 지원합니다.

편집화면 영상이나 사진 사이에 '효과없음' 버튼을 한번 누르면 '오버랩 효과'로 이름이 바뀝니다.

section - 12 뱁믹스 매뉴얼

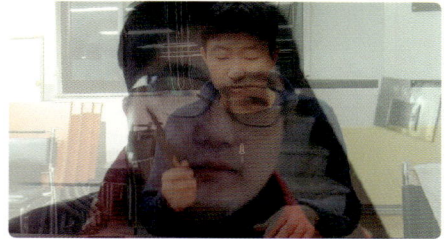

위와 같은 형태로 앞단의 영상 위에 다음 영상이 오버랩됩니다. 모든 장면마다 오버랩 효과를 넣을 필요는 없습니다. 만약 더 다양한 장면전환 효과를 원한다면 VIIo나 다른 편집 프로그램을 이용해 보시기 바랍니다.

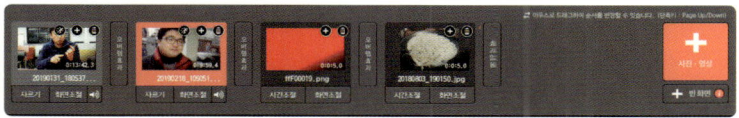

우측 하단의 ➕ 빈화면 버튼을 이용하면 특정 색화면을 넣어 오버랩 효과를 주는 식의 장면 전환효과를 넣을 수 있습니다.

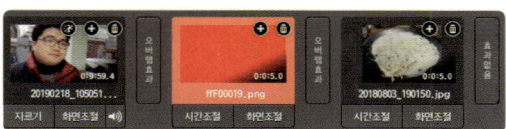

영상과 사진 사이에 빈 화면을 넣고 색깔을 빨간색으로 지정하였습니다.

오버랩 효과를 준다면 위와 같은 장면전환 효과를 얻어낼 수 있습니다. 오버랩 효과는 2초 미만의 영상이나 사진에는 넣을 수 없으므로 빈 화면 추가를 통한 장면전환 효과를 넣을 때는 표시 시간을 '2초' 이상으로 설정해 주어야 합니다.

PART - 02 시간을 절약하는 촬영과 편집

위와 같은 화면조정 이미지와 '삐~'하는 효과음을 영상과 영상 사이에 넣어 화면 사이를
이어주거나, 어울리는 상황 이미지나 만화같은 이미지를 넣는 등 여러 가지 방법이 있습니다.
검은 화면에 글씨로 영상과 영상 사이를 설명하기도 합니다.

배경음과 필터효과 추가

배경음악·필터효과 배경음악, 필터효과 탭을 누르면 위와 같은 화면을 볼 수 있습니다.
우측의 +배경음악 눌러 배경음악을 추가할 수 있습니다.

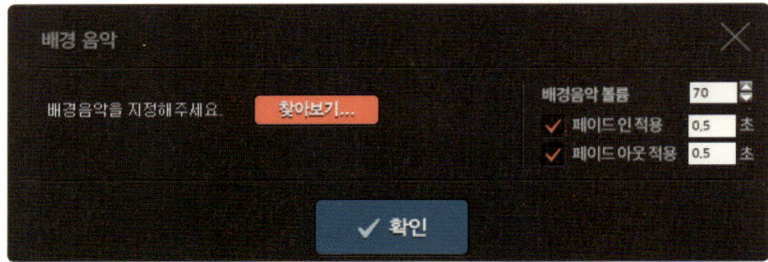

section - 12 뱁믹스 매뉴얼

'배경음악' 버튼을 누른 후 '찾아보기'를 통해 영상에 넣을 배경음악을 지정할 수 있습니다.
배경음악 볼륨은 말하는 소리보다 작아야 하기 때문에 보통 10이하로 설정합니다. '페이드 인'은
음악이 시작될 때, '페이드 아웃'은 음악이 끝날 때 볼륨을 천천히 증가시키거나 줄여줍니다.

배경음악의 길이가 영상보다 짧을 경우 음악을 복사하거나 다른 음악을 더 추가해 줍니다.
 버튼은 영상에 추가적인 음성을 넣을 수 있게 해줍니다.

'내컴퓨터'를 선택하면 기존의 음성파일을 추가할 수 있습니다. 일반적으로 녹음기 등을 통해
음성을 따로 얻어냈을 때 이 기능으로 음성을 추가합니다.

물론 위 화면처럼 '영상편집' 탭에서 각 영상의 볼륨을 0으로 해야 소리가 중복되지 않습니다.

필터 버튼은 화면에 여러가지 색필터 효과를 넣어주는 기능입니다.

마음에 드는 필터 효과를 선택합니다.

필터 효과를 선택한 후에는 필터 효과를 줄 부분을 드래그와 효과 적용 박스의 길이 조절을 통해 필터 효과를 줄 부분을 정해주어야 합니다.

처음 필터 효과 버튼을 누르면 이처럼 굉장히 가는 막대로 추가되기 때문에 마우스로 선택 후 이 필터 효과 박스를 늘려주어야 합니다.

section - 12 뱁믹스 매뉴얼

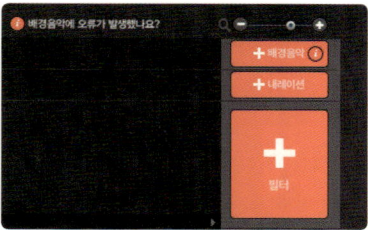

편집란 우측 상단의 버튼을 통해 편집영역을 확대하거나 축소할 수 있습니다. 음악이나 필터를 추가할 부분을 세밀하게 편집해야 하거나 반대로 전체적으로 보며 편집해야 하는 경우에 이 확대 축소 버튼을 이용합니다.

((•)) 자막 넣기

이 화면은   자막   자막 탭을 눌렀을 때 보이는 화면입니다.
무료버전은 '무료자막'에 있는 기본자막만 사용할 수 있습니다.

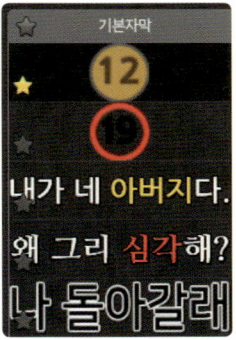

많이 사용하는 자막들은 좌측에 있는 별모양 아이콘을 눌러 즐겨찾기에 추가할 수 있습니다.

103

사용할 자막에 마우스 포인트를 이동시키면 '넣기'와 '대체하기' 버튼이 나타납니다. '넣기'는 자막을 추가하는 기능이고 '대체하기'는 기존 자막의 글자는 그대로 두고 자막의 모양만 바꿔주는 기능입니다. SRT 자막을 불러온 다음 이 대체하기 기능을 통해 자막효과나 모양을 순식간에 바꿔줄 수 있습니다.

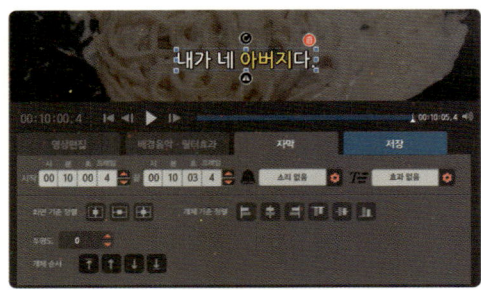

'넣기'를 선택하였을 때 보이는 화면입니다.

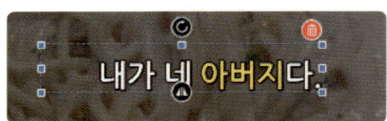

자막의 크기는 자막 박스를 둘러싼 네모난 점들을 움직여 조절할 수 있습니다.

위 쪽의 ⓒ 버튼은 자막을 회전시켜주며 🗑 버튼은 자막을 삭제합니다.
🔄 버튼은 자막을 좌우 반전시킵니다.

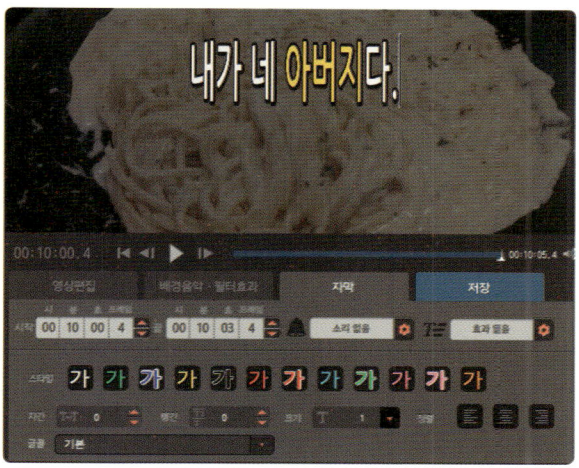

자막의 글씨를 선택하면 자막에 들어갈 글을 편집할 수 있습니다. 또한 위 화면처럼 글씨의 스타일과 자간, 행간, 크기, 글꼴 등을 변경할 수 있습니다. 자간은 글자 사이의 간격을 말하며 행간은 자막이 2줄 이상일 경우 줄 사이의 간격을 말합니다.

자막이 등장하는 시간과 사라지는 시간은 위 시간입력 창을 통해 세밀하게 설정할 수 있습니다.

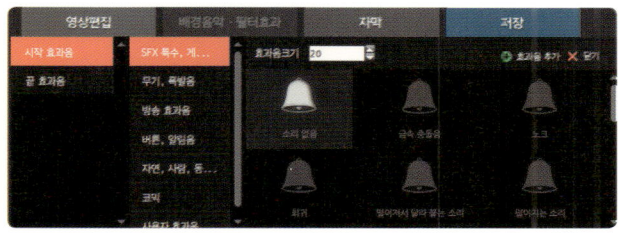

종모양 버튼을 누르면 자막이 시작될 때 효과음과 사라질 때 효과음을 추가할 수 있습니다.

'화면 기준 정렬'을 통해서는 자막의 위치를 중앙 정렬할 수 있으며 '개체 기준 정렬'에서는 자막 안의 텍스트의 위치를 정렬할 수 있습니다. '투명도'는 100까지 설정할 수 있으며 100으로 선택 시 완전히 투명해져 자막이 보이지 않게 됩니다.

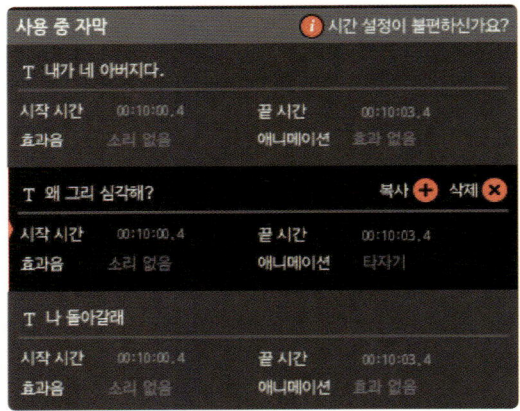

화면 우측에 보이는 자막리스트 화면입니다. 여기서는 자막을 복사하거나 삭제할 수 있습니다. 영상을 편집할 때 자막을 넣는 시간이 상당히 많은 부분을 차지합니다. 자막을 넣는 과정은 단순히 글자를 타이핑하면 되는게 아니라 자막마다 자막이 표시되는 시간과 사라지는 시간을 설정해야 하는데 이 과정이 상당한 시간을 잡아 먹습니다. 뱁믹스의 경우 자막 단축키를 별도로 제공합니다.

> 화면 재생 중에 단축키 [와] 를 번갈아서 누르면
> 자막의 시작시간과 끝 시간을 쉽게 설정할 수 있습니다.

위는 자막 단축키에 대한 설명입니다. 영상을 재생시킨 후 자막이 시작하는 부분에서 [키를, 자막을 사라지게 할 부분에서] 키를 누르면 자막이 표시되는 시간을 손쉽게 설정할 수 있습니다.

section - 12 뱁믹스 매뉴얼

((•)) 저장하기

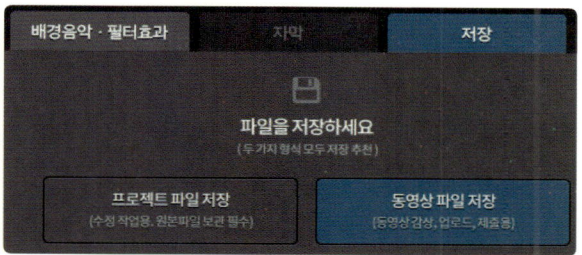

저장 탭에서는 '프로젝트 파일 저장' 과 '동영상 파일 저장'을 할 수 있습니다. '프로젝트 파일 저장'은 나중에라도 영상을 재수정할 수 있게 뱁믹스에서 편집가능한 형태로 영상을 저장해 줍니다. '동영상 파일 저장'은 mp4나 mov 등의 동영상 형태로 영상을 저장할 수 있게 해줍니다. 유튜브에 업로드하려면 '동영상 파일 저장' 버튼을 눌러 영상을 저장해야 합니다. 영상은 프로젝트 파일과 동영상 파일 2가지로 보관하는 것을 추천합니다. 나중에라도 영상을 편집해야 한다면 일반 동영상 파일로 저장했을 경우 안에 포함된 자막이나 소리를 개별적으로 편집하기 매우 어렵습니다. 만일의 상황을 위해 편집 가능한 '프로젝트 파일' 형태로도 저장하는 것을 추천드립니다.

section 13 섬네일 쉽게 만들기

영상 섬네일은 가게의 간판, 영화의 예고편과 같습니다. 소개팅할 때 첫 인상이라고 할까요?
섬네일이 시청자의 흥미를 끌지 못한다면 영상은 재생조차 되지 않습니다.
일단 클릭을 해야 사람들이 영상을 볼 텐데 섬네일 때문에 클릭조차 안되는 경우가 발생합니다.

섬네일은 정말로 중요합니다.
초보 유튜버은 섬네일에 대한 개념만 잡아셔도 노출 클릭율이 훨씬 상승하고 전체 조회수가 올라갑니다.
초보 유튜버에게 가장 필요한 스킬 중 하나가 바로 이 섬네일 제작법입니다.
영상에 있어 편집 섬네일이 가장 기본이라는 것을 잊지말아 주세요.

이 섬네일을 쉽게 만들 수 있는 프로그램들이 요즘은 많습니다.
PC에서는 망고보드라는 유료 웹서비스를 이용하기도 하고, 요즘에는 미리캔버스라는 무료 웹서비스를 이용합니다. 저는 망고보드를 유료결제해서 쓰다가 현재는 미리캔버스를 주로 사용합니다.
미리캔버스 같은 경우는 100여개 이상의 섬네일 템플릿을 기본적으로 제공해 주고 있습니다. 여러분들은 글을 바꾸고 이미지를 교체하는 것만으로도 마치 전문가가 작업한 것 같은 섬네일을 만들 수 있습니다.

미리캔버스에서 제공하는 기본 섬네일 템플릿 중 하나입니다. 제가 낚시콘텐츠를 한다고 가정하고 텍스트와 이미지를 바꿔보도록 하겠습니다.

section - 13 섬네일 쉽게 만들기

기존의 템플릿을 이용하여 겨우 5분 만에 빠른 속도로 제작한 섬네일입니다.
물고기 사진은 미리캔버스 자체에서 검색가능한 무료 이미지를 사용하였습니다.

위 화면이 미리캔버스 섬네일 작업 화면입니다.좌측의 여러 가지 섬네일 템플릿 중 하나를 골라 수정하는
방식으로서 포토샵을 모르는 사람들도 1시간 정도 다루다 보면 멋진 섬네일을 제작할 수 있습니다.

미리캔버스는 정해진 틀에 글자나 이미지만 바꿔 손쉽게 섬네일을 제작할 수 있는데,
실제 돈을 받고 섬네일을 만들어주는 프리랜서나 업체에서도 이런 프로그램을 사용합니다.

만약 스마트폰으로 섬네일을 제작하고 싶은 경우에는 멸치라는 앱을 사용하면 됩니다.
구글플레이나 앱스토어에서 '멸치'로 검색해서 다운로드받아 사용해보시기 바랍니다.

PART - 02 시간을 절약하는 촬영과 편집

멸치 앱도 사용이 간단합니다. 바로 이미지 만들기 화면으로 넘어가 보겠습니다.

위에 보시면 1번, 2번, 3번, 4번 총 4가지 요소가 보입니다. 1번에는 사진을 넣으시면 되고 2번, 3번, 4번에는 원하는 문구를 글로 적으면 멋진 섬네일로 만들어 줍니다.
PC를 사용할 수 없을 때 섬네일 만들기에 유용합니다.

유튜브의 섬네일은 영상의 클릭율을 결정하는 중요한 요소입니다. 그렇기 때문에 섬네일을 잘 만들려고 포토샵을 배우기도 합니다. 물론 포토샵을 배워도 되지만 요즘은 미리캔버스, 멸치같은 손쉽게 섬네일을 만들 수 있는 프로그램이 많이 나와 있으므로 활용해 보시기 바랍니다.

심지어 이런 툴로 5분여만에 뚝딱 만들어낸 섬네일이 포토샵을 배워 15분 이상 공들인 섬네일보다도 나아 보일 수도 있습니다.

유튜브를 처음 시작하는 사람들은 무엇이 좋은 섬네일인지 감이 쉽게 잡히지 않을 것입니다. 처음에는 이런 템플릿을 이용한 섬네일을 제작하는 것을 추천드립니다. 색감, 레이아웃에 대한 이해가 없이도 그럴듯한 결과물을 만들 수 있습니다.

다음은 섬네일 텍스트에 대해 이야기해보도록 하겠습니다. 섬네일 텍스트는 제목의 단어를 넣는 게 아니라 흥미있는 문구를 사용하는 것이 좋습니다. 모바일에서도 알아볼 수 있게 가독성 있는 폰트를 사용하여 크게 텍스트를 넣어 주세요. 그리고 섬네일에 있는 텍스트는 제목과 달리 키워드가 아니라 최대한 흥미를 끌 수 있는 궁금증을 유발할만한 문구를 넣어 주세요.

section 14 섬네일 누끼 따는 법

섬네일에 인물 사진을 넣어야 되는 경우가 많습니다.
이때 사진에서 인물 만 남기고 배경을 지워줘야 하는데 포토샵은 시간도 걸리고 깔끔하게 인물만 남기는 작업이 어렵습니다. 이런 경우에는 remove.bg란 사이트를 이용하면 편리합니다.

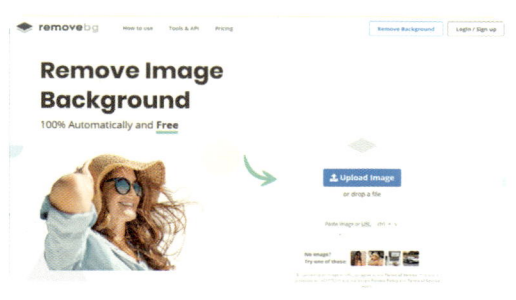

● 〈www.remove.bg 〉

www.remove.bg 사이트에 접속한 다음 'upload image' 버튼을 클릭합니다.
이미지를 열 수 있는 화면이 나오면 배경이미지를 지울 사진을 선택해 줍니다.

사진을 클릭하면 위와 같이 자동으로 배경을 없애줍니다. 지금 위 사진을 보면 머리 윗 부분이 제대로 처리가 안된 것을 확인할 수 있습니다. 이대로 사진을 다운받고 싶다면 'Download'버튼을 눌러 사진을 다운받아도 되고 세부적인 편집을 하려면 'Edit'버튼을 눌러 줍니다.

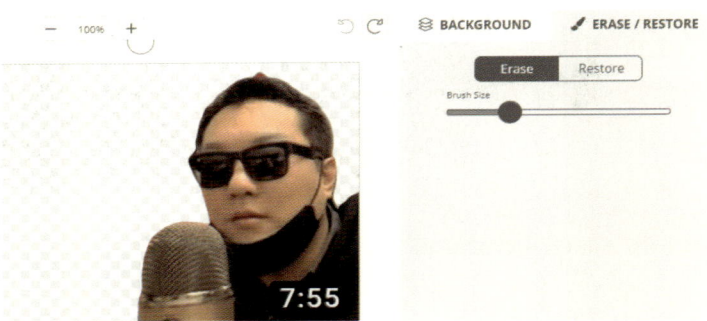

우측 상단에 'ERASE/RESTORE' 버튼을 누르면 위와 같은 화면이 나옵니다.
아래쪽의 Brush Size로는 삭제하거나 보존할 영역의 크기를 조절할 수 있습니다. 지우고 싶은 부분은 Erase를 선택하고 문질러주면 되고 보존하고 싶은 부분은 Restore를 선택하고 문질러줍니다.

상단의 ↺ ↻ 기능은 뒤로가기와 되돌리기 기능입니다.
실수한 부분이 있으면 뒤로가기하여 다시 수정하면 됩니다.

Erase 기능을 통해 머리 위의 튀어나온 부분을 삭제하였습니다.
전부 완성이 되면 다운로드하여 섬네일에 사용하면 됩니다.
배경이 투명한 png 파일로 저장하는 것이 좋습니다.

section 15 저작권 없는 소스 구하기

영상을 만들 때 효과음, 배경음, 이미지, 추가 등 삽입할 영상이 필요할 때가 있습니다.
효과음 같은 경우는 유튜브에 '무료 효과음'으로 검색하여 들어본 다음 다운로드할 수 있습니다.
보통 영상의 설명란에 다운로드할 수 있는 링크를 통해 저장 가능합니다.

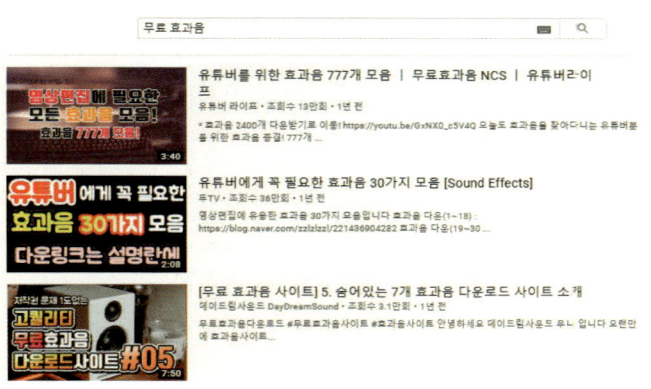

●〈유튜브 '무료 효과음' 검색결과〉

필자의 경우 자주 사용하는 효과음 30개 정도를 따로 저장해 두었습니다.

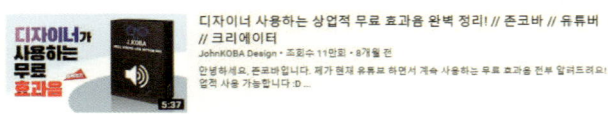

●〈존코바님의 효과음 모음 영상〉

우선 존코바님의 효과음들을 사용해 보는 것을 추천드립니다.
'디자이너 사용하는 상업적 무료 효과음'으로 검색하면 해당 영상을 찾아볼 수 있습니다.
영상 하단부에 효과음 다운로드 링크가 있습니다.

배경음 같은 경우는 '유튜브 스튜디오'의 오디오 라이브에 있는 음악을 사용하는 것을 추천드립니다.

PART - 02 시간을 절약하는 촬영과 편집

유튜브 우측 상단의 유튜브 프로필 이미지를 클릭하면 유튜브 스튜디오로 이동할 수 있습니다. 왼쪽의 '오디오 라이브러리' 메뉴를 클릭하면 다음 화면이 나오고, 무료음악과 음향효과 두가지 모음이 보일 겁니다.

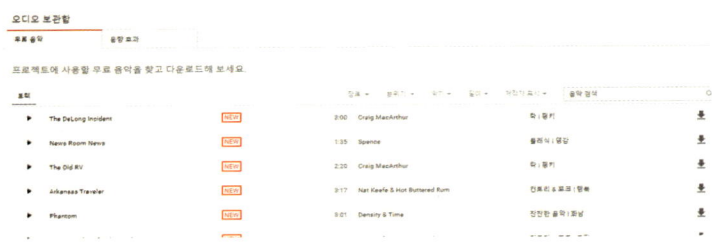

오른쪽의 화살표 모양 다운로드 버튼을 누르면 음악을 저장할 수 있습니다.
장르, 분위기, 악기, 길이 별로 음악을 선택하실 수 있습니다. 유튜브 설명란에 저작자 표시를 필수로 해야 하는 음악도 있으니 주의바랍니다. 그 외에 유튜브에서 NCS라 검색하여 무료 음악을 다운로드 받을 수도 있습니다.
어떤 사람들은 이 음악들을 다 들어보고 배경음을 선택하기도 하지만 그것보다는 다른 사람들이 무료 배경음을 정리한 영상을 보고 배경음을 선택하는 것이 빠른 방법입니다.

● 〈유튜브 '무료 배경음' 검색결과〉

section - 15 저작권 없는 소스 구하기

영상에서는 무료 사용이 가능하다고 나와 있지만 100%무료는 아니므로 주의바랍니다.
'nocopyrightsounds'로 검색하여도 많은 무료 배경음을 검색할 수 있습니다.

```
When you are using this track, we simply ask that you put this in your description:

Track: Dirty Palm - To The Back (feat. Purple Velvet Curtains)[NCS Release]
Music provided by NoCopyrightSounds.
Watch: https://youtu.be/HkbjsbwziZY
Free Download / Stream: http://ncs.io/ToTheBack
```

위 이미지는 한 배경음 영상의 설명란에 있는 문구입니다.
이 음악의 사용은 무료지만 사용할 때 유튜브 설명란에 위 문구를 의무적으로 추가해 주어야 합니다.
무료 이미지나 영상들은 https://unsplash.com, https://pixabay.com/ 같은 사이트들에서
다운로드 가능합니다. 무료 이미지인줄 알았는데 저작권이 있는 경우도 드물게 있으니 참고바랍니다.
필요한 소스들은 유튜브에서 검색하면 어디서 소스를 찾을 수 있는지 전부 확인 가능합니다.
무료 이미지 사이트들도 유튜브에서 '무료 이미지'라고 검색하면 관련 영상들이 수십 개나 나옵니다.

● 〈유튜브 '무료 이미지' 검색결과〉

거의 모든 정보가 유튜브를 통해 공유되고 있습니다. 모르거나 궁금한 게 있을 때는 유튜브에
검색해보세요. 만약 영어능통자라면 유튜브에서 원하는 내용이 없는 경우는 거의 없을 것입니다.

YouTube 유튜브 영상 업로드

03
유튜브 생존 가이드
p116

 유튜브 영상 업로드
유튜브 생존 가이드

1. 유튜브 회원가입 — p118
2. 영상 업로드 — p124

유튜브 생존 가이드

다음 파트

자동재생

유튜브 무료 온라인 강의

유튜브 생존 가이드

04
p128

유튜브 알고리즘 입문

유튜브 생존 가이드

05
p138

유튜버들의 실전 팁

유튜브 생존 가이드

06
p162

분야별 심화학습

유튜브 생존 가이드

07
p192

03 유튜브 영상 업로드

section 01 유튜브 회원가입

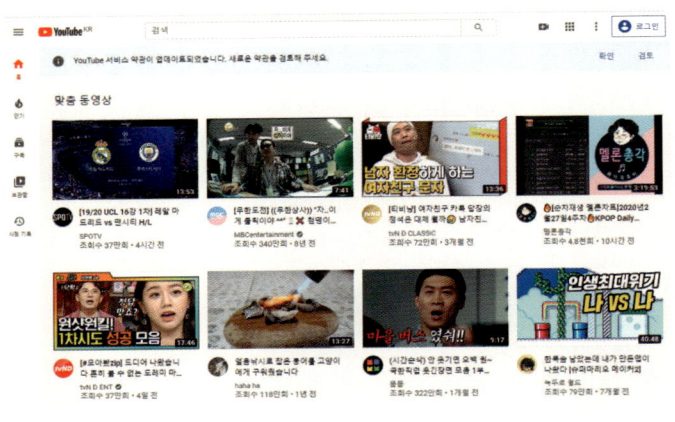

● 〈Youtube 첫화면〉

우선 네이버나 구글에서 '유튜브'를 검색하여 유튜브 서비스에 접속합니다.
본인의 구글 계정이 필요합니다.
우측 상단의 [로그인] 버튼을 누르면 아래와 같은 화면이 보입니다.

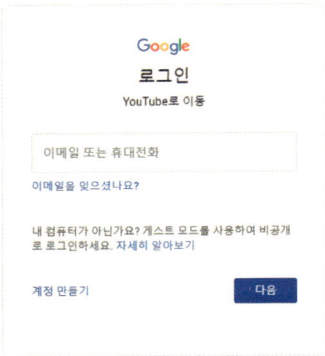

'계정만들기'를 누른 후 다음 화면에서 '본인 계정' 버튼을 선택해 주세요.

section - 01 유튜브 회원가입

차례대로 빈 공간을 채워 줍니다.
이 때 '대신 Gmail 계정 생성하기' 버튼을 누르면 구글 Gmail을 새로 만들 수 있습니다.
제대로 입력하였다면 아래 전화번호 인증 화면이 나옵니다.
전화번호를 입력하고 '다음' 버튼을 누릅니다.

입력한 휴대폰 번호로 인증코드가 날아오면 빈 칸에 입력하고 확인 버튼을 누릅니다.

PART - 03 유튜브 영상 업로드

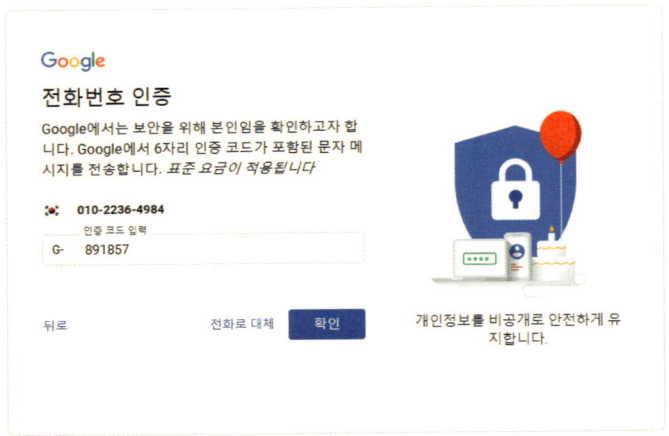

이 후 추가 정보를 차례대로 입력합니다.

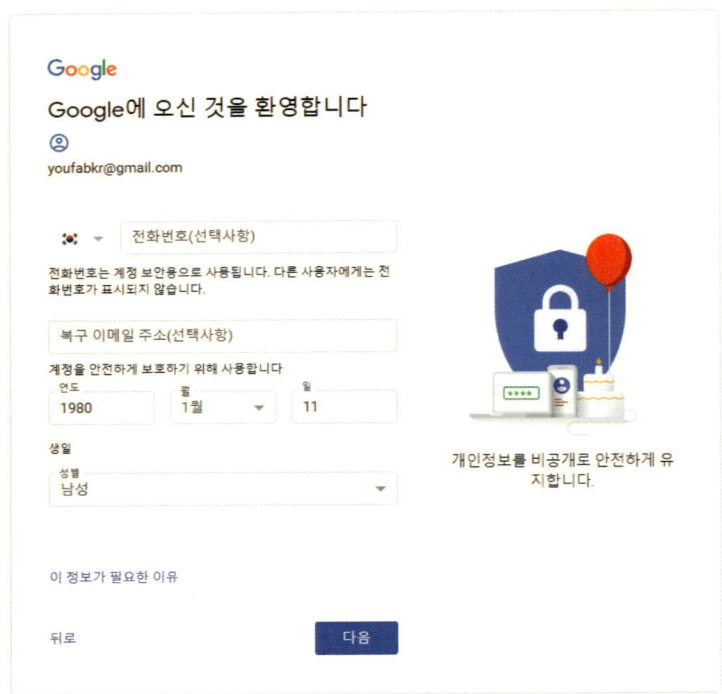

section - 01 유튜브 회원가입

특별한 이유가 없다면 건너뛰기를 클릭합니다.

개인정보 보호 및 약관 페이지가 보이고 페이지를 아래로 내려보면 동의 옵션이 2가지가 나옵니다.
2가지 모두 선택하고 '계정 만들기' 버튼을 클릭해 주세요.
자! 이제 구글 계정만들기는 끝났습니다.
다음은 유튜브 채널을 개설할 차례입니다.

생성된 계정으로 유튜브 사이트에 접속한 후 로그인을 합니다.

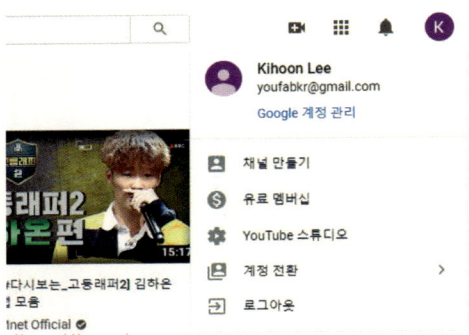

로그인 후에는 우측 상단의 동그란 프로필 아이콘을 클릭하여 메뉴들을 펼친 후 '채널 만들기'를 선택합니다.

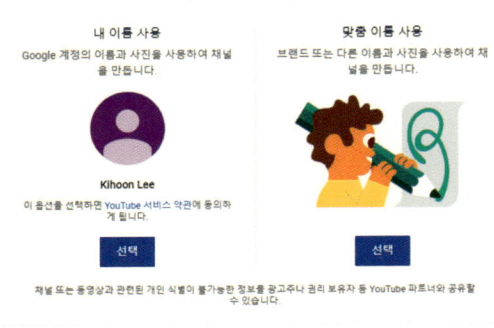

이때 '맞춤 이름 사용'을 선택하여야 회원 가입시 입력한 내 이름이 아니라 원하는 유튜브 채널 이름을 만들 수 있습니다.

section - 01 유튜브 회원가입

옵션란을 체크한 후 원하는 채널 이름을 적고 '만들기' 버튼을 클릭합니다.

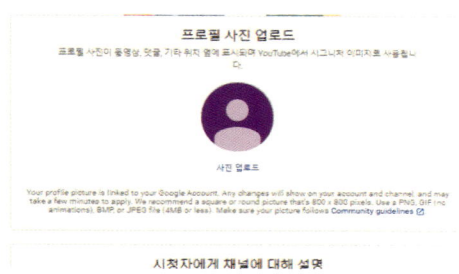

프로필 사진은 250x250 픽셀 사이즈를 권장드립니다.
채널 설명란에도 간단하게 이 채널이 어떤 채널인지 설명하는 글을 적습니다.

이 후 운영하는 사이트나 SNS 계정이 있다면 추가하고 '저장하고 계속하기' 버튼을 누릅니다.
이제 채널이 모두 만들어졌습니다.
여기서 끝이 아니라 '채널 맞춤설정'과 '채널아트 만들기' 등의 작업이 필요합니다.
youtubefab.com에 따라할 수 있는 상세한 영상을 올려놓았으니 참고하시기 바랍니다.

PART - 03 유튜브 영상 업로드

section 02 영상 업로드

유튜브 우측 상단에 있는 버튼을 클릭합니다.
다시 동영상 업로드 버튼을 선택하고 동영상 업로드를 진행합니다.

다음 화면에서 파일 선택을 누른 후 업로드할 영상을 선택합니다.

동영상의 제목과 설명란을 채운 후 미리보기 이미지(섬네일)을 등록합니다.
섬네일을 등록하려면 계정확인 단계를 거쳐야 됩니다.

section - 02 영상 업로드

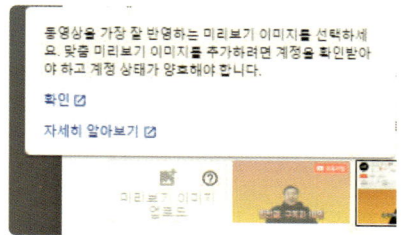

섬네일 칸의 ⑦ 버튼을 누른 후 문자를 통한 간단한 계정확인 과정을 거쳐야 섬네일을 등록할 수 있습니다. 재생목록은 카테고리와 같습니다. 동영상을 특정한 주제로 분류하고 싶다면 재생목록에 등록합니다. 이 후 영상이 아동용인지 여부를 선택합니다.

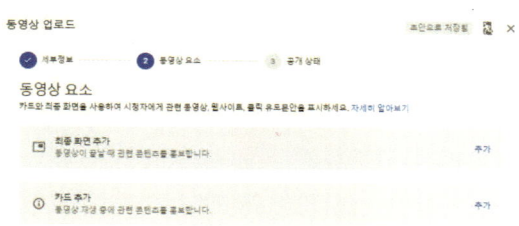

그 다음 동영상에 최종 화면이나 카드를 추가합니다.
최종 화면은 영상이 끝나갈 때쯤 구독버튼이나 다음 영상버튼을 보여주는 것을 말합니다.

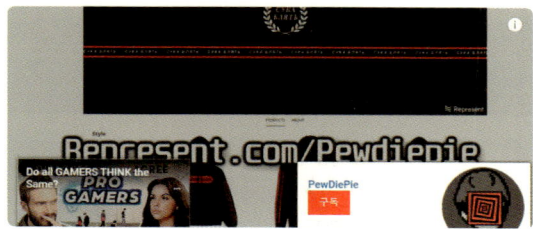

이 화면같은 경우 최종 화면에 왼쪽 아래는 영상, 우측 아래에는 구독버튼을 배치시켰습니다.
보통 영상이 끝나기 약 15초 전쯤에 이 화면을 띄웁니다.

카드는 동영상에 추가할 정보 링크입니다. 위 이미지에 i자 모양의 버튼이 보일 것입니다.

버튼을 누르면 이런 식으로 미리 설정한 정보가 보입니다.
시청자가 클릭하면 해당 링크의 영상이나 사이트로 이동하게 됩니다.

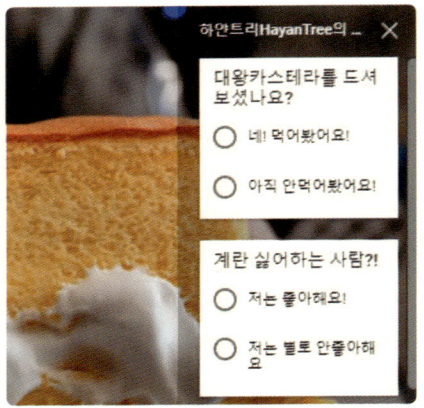

이 화면은 유튜버 하얀트리님의 카드입니다. 이런 식으로 시청자에게 설문을 하여 참여를 유도할 수 있습니다.

최종화면과 카드를 추가하지 않아도 영상 업로드는 가능합니다.

section - 02 영상 업로드

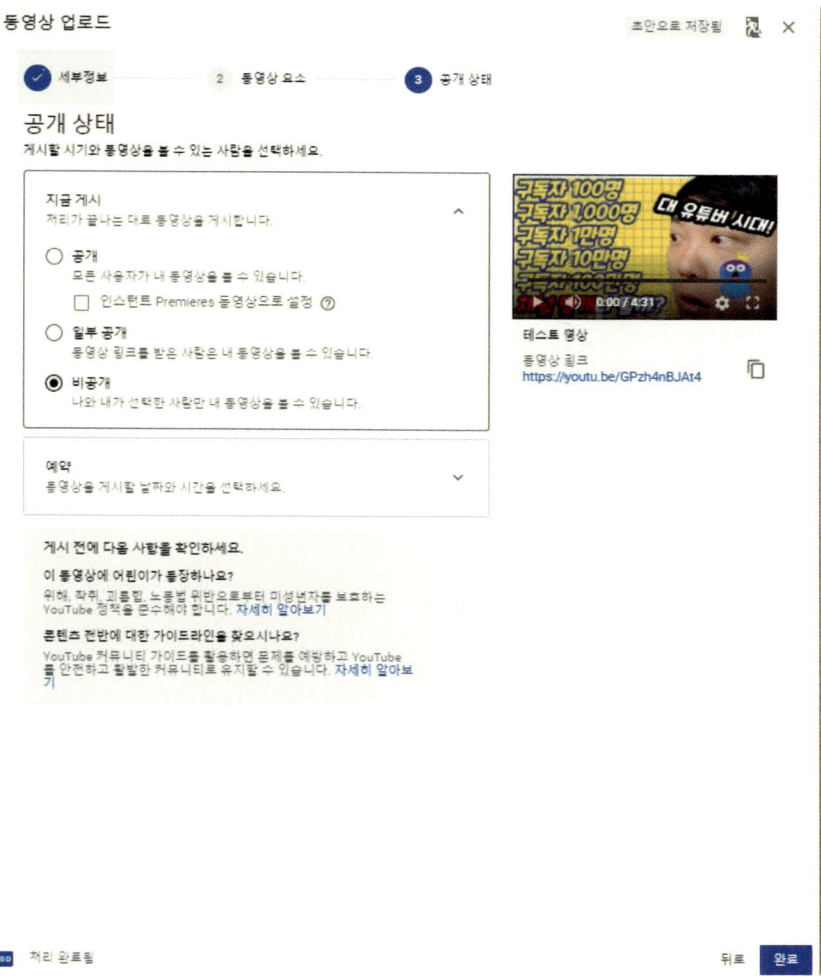

이제 마지막 단계입니다.

영상은 지금 바로 공개할 수도 있고 예약하는 것도 가능합니다.
영상을 지금 바로 공개할 때는 공개, 일부공개, 비공개 3가지 옵션이 있는데 공개는 누구나 볼 수 있는 것이고, 일부 공개는 영상의 링크로 접속해야 해당 영상을 시청할 수 있습니다. 비공개는 본인만 영상을 볼 수 있습니다.

이제 완료버튼을 누르면 영상 업로드가 끝납니다.

 유튜브 무료 온라인 강의

1. 유튜브 크리에이터 아카데미   p130

유튜브 생존 가이드

다음 파트

자동재생

05
p138

유튜브 알고리즘 입문

유튜브 생존 가이드

06
p162

유튜버들의 실전 팁

유튜브 생존 가이드

07
p192

분야별 심화학습

유튜브 생존 가이드

08
p208

유튜브 어뷰징

유튜브 생존 가이드

PART - 04 유튜브 무료 온라인 강의

04 유튜브 무료 온라인 강의

section 01 유튜브 크리에이터 아카데미

● 〈유튜브 크리에이터 아카데미〉

https://creatoracademy.youtube.com/page/home
유튜브에서 공식적으로 제공하는 무료 온라인 과정입니다.
유튜브를 처음 시작하는 많은 사람들이 이 사이트에 대한 모르거나 알고 있다 하더라도 영상을 보지 않는 경우가 많습니다.
장담하건데 어떤 유튜브 교육 과정보다도 이 유튜브 온라인 과정이 도움이 될 것입니다.
다만 난이도가 초보대상은 아니고 약간 어렵게 내용이 구성되어 있어서 접근성은 떨어집니다.
유튜브를 시작하는 사람들은 이 유튜브 크리에이터 아카데미에 있는 영상들만 제대로 보고 적용시키면 채널에 획기적인 발전이 올거라 생각합니다.

현존하는 최고의 유튜브 교육 콘텐츠이므로. 채널 성장이 더디어서 답답할 때 꼭 보십시오.
처음 봤을 때와 두 번째, 세 번째 봤을 때가 다르고 아는만큼 보입니다.
강의 영상 순서가 진도별 나열이 아니기 때문에 어떤 순서로 영상을 봐야되는지 알려드리겠습니다.

01 우선 시청하실 영상

⦿ 유튜브 퀵스타트
유튜브 기본사항, 채널 브랜딩,
유튜브 정책 및 가이드라인

⦿ 유튜브 커뮤니티 가이드라인

⦿ 검색 가능성 높이기
채널아트, 제목 만들기
효과적인 설명 작성
카드와 최종화면 활용
업로드 및 재생목록 만들기
공동작업

⦿ 멋진 콘텐츠 제작
10가지 기본 전략
틈새 공략
전문가처럼 브이로그 만들기
스마트폰 촬영
채널 예고편 만들기

⦿ 촬영전 준비
장비 선택
아이디어 발전시키기
촬영 준비

⦿ 영상 촬영
프레임 구성
조명 구성
음향 녹음

⦿ 촬영 후
수정하기
음악 추가하기

⦿ 팬 구축하기

PART - 04 유튜브 무료 온라인 강의

⦿ 유튜브 저작권
- 저작권 기본사항
- 저작권 허가
- 저작권 관리

⦿ 유튜브 스튜디오 분석하기
- 채널 실적 확인
- 구독자 확인
- 도달범위의 이해
- 수익 확인
- 시청자 참여도 확인

⦿ 영상 최초 공개기능 활용하기

⦿ 커뮤니티탭 활용
- 댓글 소통

⦿ 커뮤니티 성장시키기
- 커뮤니티 개설
- 커뮤니티 소통
- 유튜브 넘어 시청자에게 도달
- 커뮤니티 분위기 조성
- 게시물로 소통하기
- 스토리 베타로 나 표현하기

⦿ 광고 외 수익창출
- 슈퍼챗
- 크라우드 펀딩 및 채널 멤버십
- 채널에서 상품 판매

⦿ 유튜브 실시간 스트리밍
- 스트리밍 계획
- 스트리밍 준비
- 스트리밍 관리 및 분석

⦿ 유튜브 광고수익
- 유튜브 수익 창출
- 유튜브 광고
- 광고주 친화 콘텐츠만들기

⦿ 채널의 지속
- 내 채널 여정 평가
- 창의적 변화
- 효율성 높이기
- 공동 작업

02 해당사항이 있을 경우 우선 시청

◉ 미용 채널 개발
  롤모델 찾기
  차별화
  시청지속률 높이기
  커뮤니티 운영하기

◉ 글로벌 채널 만들기
  번역 도구 사용하기
  커뮤니티 자망 제공으로 번역 크라우드 소싱하기
  전세계 타겟 영상 만들기

◉ 잠재 시청자 타겟팅
  건강 및 피트니스
  음식 채널
  키즈
  뉴스
  축구
  스포츠

◉ 게임 채널 운영하기
  게이머 개성 표출
  게임 커뮤니티 구축
  게시 일정 수립하기
  게임 실시간 방송하기
  지속적인 시청 유도

◉ 유튜브 교육채널 구축
  교육채널 세팅
  유튜브에 적합한 교육 영상
  검색율 높이기
  유튜브로 비즈니스 구축

◉ 음악 파트너용 유튜브
  음악콘텐츠 게재
  저작권 관리

PART - 04 유튜브 무료 온라인 강의

비영리단체 활동
스토리텔링

채널에서 단체 사명 알리기

유튜브로 뮤지션 커리어 쌓기
공연, 신곡 홍보

동영상 실험

팬과의 관계 구축

음악으로 수익창출

유튜브 저작권

공식 아티스트 채널

유튜브에서 음악 채널 만들기
아티스트 채널 설정

뮤직비디오 제작 및 시청자 늘리기

03 기타. 천천히 보셔도 되는 영상

◉ 유튜브 비즈니스 구축
비즈니스 설립
브랜드 정의 및 전달
대규모 비즈니스 운영
비즈니스 홍보
채널 광고

◉ 건강 유지 및 번아웃 방지
건강한 삶 유지
워라밸
유튜브와 사생활 균형
생산성과 효율성 높이기

◉ 브랜드 거래 구축
브랜드 파트너십 시작
브랜드와 관계 구축

◉ 360도 동영상

◉ 포용적인 콘텐츠
포용성 점검
시청자층 고려
다른 크리에이터 참여유도

◉ 사회변화 일으키기
아이디어 얻기
조사 및 다듬기
스토리텔링

PART - 04 유튜브 무료 온라인 강의

<유튜브 크리에이터 채널>

위 영상들을 모두 열람한 후에는 유튜브 크리에이터 채널
https://www.youtube.com/user/creatoracademy 에서 지속적으로 업데이트되는 영상을
보면 됩니다. 대부분 한글자막이 지원되므로 영상을 보는데 무리없으실 것입니다.

많은 사람들이 궁금하게 여기는 COPPA 키즈채널 문제, 유튜브 영상의 길이, 유입경로 분석하기,
유튜브에서 자막을 사용하는 방법 등 유튜버들이 궁금해할 만한 내용들이 정기적으로 업데이트되는
유튜브 공식 채널입니다.

유튜브를 한다면서 유튜브에서 제공하는 가장 훌륭한 퀄리티의 교육영상을 보지 않는다는 건
손해입니다. 가격도 무료입니다. 바쁘신 분이라면 예외이지만 유튜브 공식 영상들은 꼭 보길 바랍니다.
수강료가 100만원이 넘어가는 고가의 유튜브 강의와 비교시 수준도 낮은 편이 아닙니다.

 유튜브 알고리즘 입문

유튜브 알고리즘 입문
유튜브 생존 가이드

1.	유튜브 알고리즘의 이해	p140
2.	다른 유튜버들은 어떻게 유튜브할까?	p142
3.	유튜브 채널이 잘 안되는 이유	p143
4.	유튜브 성공방정식	p145
5.	꾸준히 영상을 올려야 되는 이유	p146
6.	유튜브가 좋아하는 영상	p147
7.	유튜브 확산 원리	p149
8.	초반 후킹	p150
9.	유튜브 정지 사유	p151
10.	콘텐츠 일관성	p152
11.	유튜브 실패하는 가장 큰 이유	p154
12.	초반에 영상 조회수가 안나오는 이유	p155
13.	구독자 빨리 모을수 있는법	p156
14.	영상에 지루함 없애기	p157
15.	채널 초반에는 질보다 양이다	p159
16.	구독자 적은 채널의 어려움	p160

유튜브 생존 가이드

다음 파트

자동재생

유튜버들의 실전 팁

유튜브 생존 가이드 ✓

06
p162

분야별 심화학습

유튜브 생존 가이드 ✓

07
p192

유튜브 어뷰징

유튜브 생존 가이드 ✓

08
p208

유튜브 광고

유튜브 생존 가이드 ✓

09
p214

PART - 05 유튜브 알고리즘 입문

05 유튜브 알고리즘 입문

section 01 유튜브 알고리즘의 이해

유튜브에 '일본 브레이크'라고 검색해보면 아마 위의 영상이 보일 것입니다.
이상하지 않나요? 이 영상 어디에 '일본 브레이크'란 텍스트가 들어있을까요?
제목? 설명? 태그? 댓글? 영상 내 음성에도 '일본'이란 단어는 나오지 않습니다.
'일본 브레이크'를 검색한 사람 중에 이 영상을 클릭한 사람이 있었고 그 사람들이 영상을 시청한 경우가 쌓여서 이와 같은 검색결과가 나온 것으로 예측됩니다.

유튜브에서는 유튜브 알고리즘에 심취하지 말라고 합니다. 알고리즘이 좋아할 것 같은 영상을 만들 생각하지 말고 시청자들이 좋아할 것 같은 영상을 만들어야 합니다.
유튜브 알고리즘이란 것에 빠져서 몇 달을 인터넷 커뮤니티 뒤지며 정보글에 목말라하는 사람들이 있는데 이것은 시간낭비입니다.
유튜브 알고리즘은 이 책에 있는 내용들로 충분합니다.
게다가 알고리즘 공부가 필요없는 형태로 유튜브는 점차 진화하고 있습니다.
많은 사람들이 '빵꾸똥꾸'로 검색해서 아이유의 '블루밍' 노래 영상을 클릭하고 장시간 보게 되면 (빵꾸똥꾸로 검색해서 이 영상이 뜬다고 가정합시다) 이 아이유의 '블루밍' 영상의 메타데이터에 '빵꾸똥꾸'란 단어가 없더라도 검색 의도에 맞는 영상으로 유튜브에서 판단해서 앞으로 '빵꾸똥꾸' 검색 결과에 아이유의 '블루밍' 영상을 노출시켜 준다는 겁니다.

유튜브에서 '더러운 먹방'이라고 검색하면 딕헌터 채널의 '욕망의 떡볶이 먹방'이 나옵니다.

section - 01 유튜브 알고리즘의 이해

할아버지의 11개월 COVER
주호민 · 조회수 412만회 · 1년 전

'아기 리코더'라고 검색하면 주호민씨가 리코더를 부는 영상이 나옵니다.
유튜브 알고리즘의 목표는 다음과 같습니다.

> ▶️ **유튜브 알고리즘**
> - 시청자가 검색한 의도에 맞는 영상을 검색결과에 나타낼 것
> - 시청자가 오래 시청할 가능성이 큰 기존에 반응이 좋았던 영상을 검색결과에 나타낼 것
> - 시청자의 동영상 이용행태에 따라 좋아할 가능성이 높은 영상을 추천해 줄 것

유튜브 알고리즘을 연구할 생각하지 말고 다음에 집중하세요.

((•)) 시청자는 어떤 영상을 좋아할까?

((•)) 어떻게 해야 시청자가 내 영상을 오래 볼까?

그러면 지금부터 최소한의 상식같은 유튜브 알고리즘과 기초 지식에 대해서 설명드리겠습니다.
다시 말씀드리지만 이 책을 읽은 사람은 더 이상 커뮤니티, 채팅방에서 유튜브 알고리즘글을 찾아볼 필요가 없을 것입니다.

혹시나 업데이트 되는 내용이 있다면 youtubefab.com 에 공지하겠습니다.

PART - 05 유튜브 알고리즘 입문

section 02 다른 유튜버들은 어떻게 유튜브할까?

●〈네이버 검색 '개인미디어콘텐츠 육성방안 연구'〉

다른 유튜버들의 유튜브 생활이 궁금하실 겁니다.
문화체육관광부에서 제작한 연구보고서를 한번 읽어보는 것을 추천드립니다.
네이버에 검색하면 200페이지 가량의 원문을 다운로드할 수 있습니다.
여기서는 주요 통계만 간략히 정리하겠습니다.

> ▶ **유튜브 생활의 연구보고서**
> - 유튜버 90%가 혼자 영상 촬영 및 편집. 10%는 팀
> - 유튜버 75%가 집에서 촬영. 25%는 외부 촬영
> - 유튜버 93%가 집에서 편집. 개인 스튜디오 3%. 소속사 2%. 기타 2%
> - 영상 한편 촬영시간은 1시간 미만 5%, 1~6시간 60%, 6~12시간 15%. 12시간 이상 20%
> - 영상 한편 편집시간은 1시간 미만은 3%, 1~6시간은 50%, 6시간 이상이 47%
> - 가장 필요로 하는 교육 1위 스피치, 2위 채널 마케팅, 3위 시청자 이해

영상 편집시간은 보통 6시간이 평균입니다.
저의 경우에만 시간이 걸리는 게 아니라 다들 편집 작업 때문에 시간을 많이 소비합니다.
그리고 스피치(말하기)에 대한 필요성을 가장 크게 느끼고 있습니다.

section 03 유튜브 채널이 잘 안되는 이유

01 자신이 뭘 잘하는지 / 뭘 재미있어 하는지 모른다.

자신이 잘 하는것, 자기가 좋아하는 주제로 영상을 찍어도 시청자들이 구독버튼을 누를까 말까 한데 관심도 없고 재미있어 하지도 않으면서 요즘 유튜브가 돈이 된다고 하니 사전 계획없이 무작정 시작하는 사람들이 많습니다.

02 내가 하면 무조건 다 잘될거라고 생각하고 준비없이 유튜브를 한다.

유튜브는 운이 상당히 많이 좌우합니다.
이른바 영상이 터지려면 어느 정도 영상을 찍어봐야 합니다. 홈런을 치려면 타석에 서는 횟수를 늘려야 합니다. 하지만 아무런 기본기도 없는 상태에서 영상 숫자만 늘려나가는 경우는 구독자를 늘리기 힘듭니다.

기본을 갖춘 상태에서 영상을 찍어야 하고 운도 따라주어야 빠른 성장속도를 기대할 수 있습니다. 요즘 정말 많은 사람들이 유튜브를 시작하고 있습니다. 그만큼 경쟁이 치열하다는 얘기입니다.
내 영상에 구독할만한 흥미로운 요소가 없다면 성공하기 힘듭니다.

03 유튜브 시스템에 대한 이해도가 떨어진다.

섬네일 등록, 해시태그, 자막 넣는법, 수익창출 신청법 등 여기에 더해 편집 프로그램에 대한 이해도까지, 이건 단순히 알 수 있는 게 아니라 실제 유튜브어 영상을 업로드하고 시청자들의 반응을 느껴봐야지만 알 수 있습니다. 또한 각종 프로그램 사용법도 부지런히 익혀야 합니다.

04 나만 영상이 재미있는 경우

나는 내 자신을 정말 재미있는 사람이라고 생각하는데 사실 재미가 없는 편에 속합니다.
내가 만든 영상을 객관적으로 봤을 때는 재미가 없는 것이 사실입니다.
주변 사람들은 나를 아니까 웃어주지만 처음 보는 사람은 정말 냉정하게 영상을 바라봅니다.

05 머리로 유튜브를 하는 경우

이른바 유튜브를 온라인에 공개된 정보들로 배우신 분들은 실제 영상 촬영 편집을 힘들어 하시기도 합니다. 머릿 속에는 어떻게 하면 좋은 영상을 만들지 어렴풋이 알고는 있지만 실제 영상 촬영과 편집에서는 어려움을 겪습니다. 운전을 이론으로 배우는 것과 같습니다.
실제 수십 편의 영상을 직접 제작해 보고 나서야 감을 잡을 수 있습니다.

section 04 유튜브 성공방정식

다이어트에 100% 성공하려면 어떻게 해야 할까요?

먹는 것을 줄이고 운동으로 먹은 칼로리보다 더 많은 양을 소도하면 됩니다.
한 줄로 요약하면 적게 먹고 많이 움직이면 됩니다.
유튜브의 성공 방정식도 요약하면 이와 비슷합니다.

- **01** 시청자들이 좋아할 만한 영상을 업로드합니다.
  (재미도 있고 퀄리티도 좋아야합니다.)

- **02** 영상이 터질 때까지 주기적으로 계속 업로드합ㄴ 다.

- **03** 유튜브 스튜디오의 시청 지속시간, 노출율 등에 따라 계속적으로
  내 영상과 섬네일을 개선해 나갑니다.

이렇게 체계적으로 진행하면 분명 유튜버로 성공할 수도 있겠지만, 언제 영상이 떡상할지는 미지수입니다.

도착점을 모른 채 망망대해에서 마냥 헤엄치는 상황이 연출되는 것이지요. 내 영상이 터지길 기다리면서요. 하지만 전략이 있고 적절한 홍보를 할 수 있다면 떡상까지의 기간을 단축시킬 수 있습니다.

PART - 05 유튜브 알고리즘 입문

section 05 꾸준히 영상을 올려야 되는 이유

유튜브에서 영상의 조회수가 폭발적으로 늘어나는 것을 '터진다' '떡상한다' 라고 표현합니다.
어떤 영상이 터질지는 아무도 모릅니다. 우리들은 '일정한 수준' 이상의 영상을 많이 만들어 영상이 터질 수 있는 기회를 늘려야 합니다.

엄청나게 심혈을 기울여 촬영하고 정성스레 편집하여 영상을 한달에 1~2개 올리는 것보다는
일주일에 1~2개 올렸을 때 좀 더 영상이 터질 수 있는 기회를 많이 만들 수 있습니다.
또한 꾸준히 영상을 올려야 내 시청자가 채널을 잊지 않고 주기적으로 방문해 줍니다. 하나의 영상을 촬영하고 편집하는데 보통 6시간 이상이 소요됩니다. 처음에는 영상을 업로드한다고 해서 돈이 바로 들어오는 것도 아니고 조회수가 많아 사람들이 댓글을 많이 달아주는 것도 아니여서 몇번 올리는 타이밍을 놓치다 보면 그대로 유튜브와 멀어지는 경우도 많습니다.

직장에 다니거나 본업이 있는 분이라면 일주일에 1~2개, 직장이 없고 전업인 분들은 일주일에
3개 이상을 목표로 하는 것을 권해드립니다. (영상 편집시간에 10시간 이상 걸리는 경우는 제외)
폭발적으로 성장하는 분들은 대부분 주 3회 이상의 업로드를 하거나 하루에 하나씩 영상을
올리는 경우도 있습니다.

 JM님과 쏫님, 참피디님, 쯔양님 등이 하루 하나의 영상을 업로드하였고 폭발적인 성장을
이루었습니다.

 만약 유튜브를 전업으로 할 예정이라면 매일 영상을 올리는 것을 추천드립니다. 일주일에 영상
하나씩 올리는 사람보다 일주일에 영상 두 개씩 올리는 사람이 더 빨리 성장합니다.
그리고 **유튜브에서도 꾸준히 영상을 올렸을 때 그 채널의 영상들을 더 많이 노출시켜줍니다.**
본업이 있다면 주 1~2회, 전업이라면 주 3회 정도를 추천드리지만 애니메이션이나 G식백과채널
콘텐츠처럼 엄청나게 제작시간이 많이 들어가는 경우, 영상품질이 중요하다면 업로드 주기는
가능한 범위 내에서 재량껏 정하시면 됩니다.

section 06 유튜브가 좋아하는 영상

블로그를 하던 분들이 많이 하는 실수가 있습니다. 블로그는 키워드를 통한 검색이 주 유입 경로입니다. 만약 나의 블로그 글을 많은 사람들에게 보여주고 싶다면 사람들이 자주 검색하는 키워드를 사용하여 글을 작성하면 됩니다.

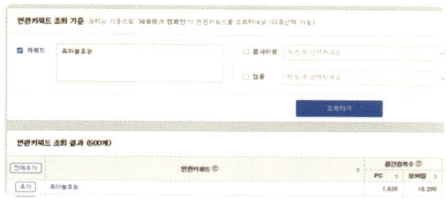

● 〈네이버 검색광고사이트〉

네이버 검색광고사이트(searchad.naver.com)를 통해 본 '흑마늘효능'이라는 키워드의 검색 수입니다. 한 달에 2만명 가까운 사람들이 이 단어를 검색하는 것을 알 수 있습니다. 30으로 나누면 대략 하루에 700명 정도의 사람이 검색하는 단어입니다. 아마 블로그에 이 글을 써서 검색순위 1위에 올린다면 하루 150명 정도 방문자를 얻어낼 수 있을 것입니다.

이러한 검색기반 매체로서 유튜브를 바라보고 접근하면 문제가 생깁니다. 왜냐하면 유튜브는 검색기반이 아닌 추천, 관심사 기반 매체이기 때문입니다. 유튜브는 80% 이상의 사람들이 모바일을 통해 영상을 시청합니다.
또한 한번 영상을 본 후에는 다시 영상을 검색하는 것이 아니라 영상 우측이나 하단에 유튜브가 추천해 주는 '다음영상'을 클릭하여 영상을 시청합니다. 유튜브의 추천여부가 내 영상을 히트시키는 데 가장 큰 영향을 미칩니다. 블로그를 할때처럼 상위노출 블로그 만들기 식으로 유튜브를 접근하면 답이 나오질 않습니다.

그럼, 유튜브는 도대체 어떤 영상들을 추천해 주는 걸까요?
아래는 유튜브가 추천해 주는 영상의 조건입니다.

- **01** 시청 지속시간이 길어야 한다.
- **02** 좋아요, 댓글, 공유, 외부링크 등이 많아야 한다.
- **03** 어느 정도 조회가 이루어져 시청자 반응이 수치화되어야 한다.
- **04** 기존 영상과 관련있는 영상이어야 한다.

PART - 05 유튜브 알고리즘 입문

첫번째. 시청 지속시간이 길어야 합니다.
유튜브는 광고비로 돈을 벌고 있습니다. 더 많은 광고를 사람들에게 보여주려면 사람들이 영상을 오래 보아주어야 합니다. 시청 시간은 유튜브 회사에게 돈이나 마찬가지입니다. 시청 지속 시간이 짧다는건 사람들이 영상을 보다가 나간다는 건데, 이것이 이 영상이 시청자들이 좋아하는 영상인지 아닌지 판단하는 근거가 됩니다.
(주의할 사항은 30초짜리 영상 중에서도 몇백만 조회가 된 영상이 존재한다는 점입니다. 어느 한 요소가 절대적이지는 않습니다. 30초짜리 영상은 트렌드에 맞았고 절대 다수가 30초짜리 영상을 30초 끝까지 봐주었고, 댓글도 많이 달렸으며, 다양한 SNS에서 공유되며 외부유입도 많았기에 영상의 길이가 짧아 시청 지속 시간 또한 짧음에도 높은 조회수를 기록했다고 봅니다. 시청 지속률을 금과옥조처럼 여기는 분들도 있지만 10시간짜리의 시청 지속률 1% 내외로 추측되는 영상이 조회수 100만 회가 넘어가는 것을 보면 시청지속률도 기준이 절대적이지 않습니다.)

두번째. 좋아요, 댓글, 공유, 외부링크 등이 많아야 합니다.
좋아요, 댓글, 공유, 외부링크가 많아야 합니다. 여기서 가장 중요한 것은 외부링크이고 그 다음은 댓글입니다. 외부링크는 유튜브 외부에 유튜브 영상의 링크를 걸어서 유튜브 플랫폼 바깥에서 사람들을 유튜브로 유입시켜 주는 것을 말합니다. 유튜브가 가장 좋아하는 가점요소입니다. 그리고 좋아요와 댓글 중 댓글이 차지하는 가점 요소가 더 큽니다.

세번째. 어느 정도 조회가 이루어져 시청자 반응이 수치화되어야 합니다.
처음 유튜브를 시작하는 분들이 가장 크게 겪는 문제입니다. 일단 사람들이 영상을 시청해 주어 어느 정도 조회가 되어야 유튜브 알고리즘에서 추천할지 말지 판단할텐데 처음 유튜브를 하는 사람들은 제목이나 소재를 잘못 선택한 경우 검색될 기회를 거의 얻지 못합니다.
최소한 수백~수천회의 조회가 이루어져야 활발하게 다른 영상들의 추천 영상에 걸리게 됩니다.

네번째. 기존 영상과 관련있는 영상이어야 합니다.
아모르파티 축가를 부르는 영상에는 어떤 영상이 추천 영상으로 뜰까요? 아모르파티 노래를 부르는 영상들이나 시끌벅적하게 노래를 부르는 영상이 추천 영상에 뜨게 됩니다.
홍명보 선수가 골을 넣는 영상에는 어떤 영상이 추천 영상으로 뜰까요? 축구 영상이 추천 영상으로 뜨게 됩니다. 내 영상이 추천될만한 주류 영상이 있어야 합니다. 지금 급격하게 사람들이 많이 보고 있는 주제와 관련된 영상을 찍게 된다면 그 영상에 내 영상이 추천 영상으로 뜰 확률이 높아집니다. 유튜브를 보다 보면 사람들이 관심있어 하는 주제들이 있습니다. 상처받은 과거에서 회복한 일, 퇴사, 돈벌었다는 이야기, 이혼, 자기 방소개, 급여공개, 유튜브 수익공개, 카푸어 등등입니다.
시청자들이 좋아하고, 관심있어 하는 주제의 영상을 찍게 된다면 시청자들의 지난 영상시청 기록에 의해 내 영상이 추천될 가능성이 그만큼 커집니다.

section 07 유튜브 확산 원리

유튜브 영상 확산의 원리에 대해서 설명하겠습니다.
대표적으로 두가지 원리에 의해 유튜브 알고리즘은 작동한다고 봅니다.

첫 번째 협업 알고리즘입니다. '조재익'이라는 이용자가 A영상, B영상, C영상을 시청하고 반응이 좋았습니다.(시청시간이 길었거나 댓글 또는 좋아요), 그 다음 '진형욱'이란 이용자가 A영상과 B영상을 시청하고 반응이 좋았다면 '조재익' 이용자가 C영상도 좋아했기 때문에 '진형욱' 이용자도 C영상을 좋아할거라 생각해서 영상을 노출시킵니다.

두 번째 콘텐츠 알고리즘입니다. '조재익'이라는 이용자가 짜장면 먹는 영상을 시청하고 반응이 좋았습니다. 그러면 유튜브에서는 그 다음 짜장면 먹는 영상이ㄴ- 면을 먹는 영상을 추천해 줍니다.

협업 알고리즘에 대응하기 위해서는 특정 구독자가 좋아할 만한 영상들을 만들면 됩니다.
사실 이건 기본적인 사항입니다.
콘텐츠 알고리즘에 대응하기 위해서는 사람들이 많이 보는 영상과 관련된 콘텐츠를 제작하면 됩니다.
내가 제작한 짜장면 만드는 영상을 시청하고 나서 긍정적인 반응을 보였던 사람에게 추천되거나
짜장면 만드는 영상 다음으로 영상이 추천되기 시작합니다.

100번 뿌려졌는데 반응이 좋았다면 관련된 콘텐츠가 이용자 200명에게 뿌려지고 그 다음은 1천명, 1만명 이런 식으로 영상이 확산됩니다.

다시 말씀드리지만 우리가 꼭 기억할 것은 두가지입니다. 특정 시청자 집단을 생각해서 그들이 좋아할 만한 영상을 만들고, 사람들이 많이 보는 영상과 관련된 영상을 만들면 된다는 것입니다.

PART - 05 유튜브 알고리즘 입문

section 08 초반 후킹

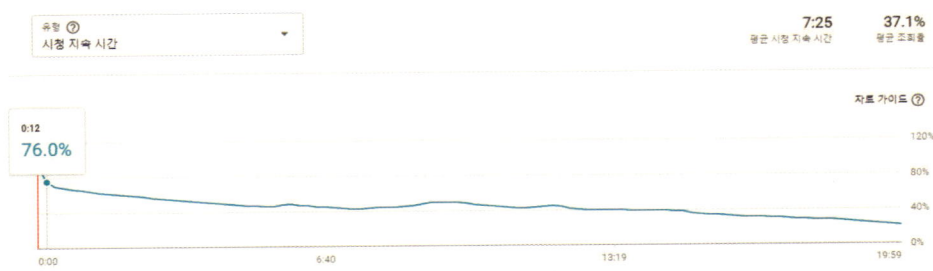

제가 업로드한 영상의 시청 지속시간을 보여주는 그래프입니다.
시청 지속시간 그래프는 유튜브 스튜디오에서 확인 가능합니다.
일단 10초가 지나니 24%의 시청자가 영상을 빠져나간 것을 알 수 있습니다.

유튜브 시청자들은 영상을 클릭한 직후부터 빠르게 이탈하기 시작합니다.
초반 10초 구간에서 벌써 20% 이상의 시청자들이 영상을 나가버립니다. TV 리모콘 돌리는 것과 비슷합니다.
깊게 생각하기 전에 뒤로 가기부터 누르고 맙니다.
때문에 초반 앞부분에 눈길을 끄는 영상이나 이 영상을 왜 봐야 하는지에 대한 이유, 영상에
대한 기대감을 줄 수 있는 컨셉이 필요합니다. 긴 인트로 영상, 자기 소개 등은 삽입하지 마십시오.
장황하고 긴 부연 설명도 시청자가 싫어합니다.

요즘은 영상 초반 20초 구간을 영화 예고편처럼 만드시는 사람들이 늘고 있습니다.
지루한 영화 예고편을 보신 적 있습니까? 영화가 아무리 쓰레기라고 해도 영화 예고편은 대부분
재미있습니다. 내 영상에서 가장 시청자를 끌리게 할만한 부분들을 편집하여 앞부분에 넣으십시오.
처음 유튜브하는 사람들은 이러한 방법으로 초반 영상 이탈자부터 붙잡아야 합니다.

section 09 유튜브 정지 사유

유튜브는 3회 경고 누적 시 채널을 정지당합니다. 채널 정지 후에는 다른 채널에서 유튜브를 새로 시작하는 것 자체가 규정에 어긋납니다. 지속적으로 정지를 당할 수 밖에 없습니다.

유튜브 경고 사유는 다음과 같습니다.

- **01** 저작권 위반

- **02** 폭력적인 내용, 욕설, 성적인 내용

- **03** 인종이나 종교적 차별

- **04** 젠더 폭력

- **05** 채널이름 중복

- **06** 타 유튜버 비난

- **07** 범죄자임이 밝혀진 경우

- **08** 무분별한 댓글홍보

- **09** 동일 메일로 부계정 생성

이러한 경고가 3회 이상 누적되면 해당 채널은 정지당하게 됩니다.
심할 경우에는 사전 경고없이 즉각 채널이 정지당하기도 합니다.

PART - 05 유튜브 알고리즘 입문

section 10 콘텐츠 일관성

SBS Sports Bowling
동영상 256개

SBS TV동물농장x애니멀봐 공식 유튜브 채널입니다! ✓
구독자 283만명 · 동영상 2,061개
Hello, all animal lovers! Welcome! It's so great to have you join us. This is the official YouTube channel of Korea's SBS ...

sNack!
구독자 51만명 · 동영상 1,335개
sNack은 스브스 예능 프로그램의 모든 것이 담긴 SBS 국외 팬들을 위한 공식 예능 디지털 스튜디오 입니다. [런닝맨]에서 나왔던 화제 ...

SBS Dateline ✓
구독자 34.5만명 · 동영상 604개
Dateline is an Australian award-winning international documentary series with a current affairs backbone. Every week we ...

우와한 비디오 X SBS 세상에 이런일이
구독자 42.3만명 · 동영상 658개
SNS에서 만나는 SBS 순간포착 세상에 이런일이! 우와한 비디오 (WOW VIDEO by SBS) 공식 유튜브 채널입니다. 매일 저녁 6시, 주말 ...

빽능 - 스브스 옛날 예능
구독자 27.1만명 · 동영상 1,618개
SBS의 모든 옛날 예능 콘텐츠를 선보입니다. 빽 to 스브스 예능!!! 빽능과 함께!!! >
Partnership & Sales inquiry: ...

SBS Drama
구독자 342만명 · 동영상 338,084개
SBS 공식 드라마 채널 SBS Drama입니다! SBS의 드라마 프로그램을 종합별로 제공합니다. 월화 | 21:40~23:00 | 아무도 모른다 금토 ...

SBS KPOP CLASSIC
구독자 18.2만명
SBS MUSIC 이 새롭게 변신했습니다! SBS KPOP CLASSIC 에서 SBS 와 함께해온 KPOP STAR 와 BEST KPOP 을 소개해드립니다 ...

SBS Entertainment
구독자 338만명 · 동영상 207,836개
SBS 공식 예능 채널 SBS Entertainment입니다! SBS의 예능 프로그램을 종합별로 제공합니다. 월 | 23:00~00:20 | 동상이몽2_너는 내 ...

SBS Radio 에라오
구독자 47.9만명 · 동영상 14,652개
Official Website http://radio.sbs.co.kr K-POP, 뮤직, SBS 라디오 프로그램의 다시보기를 제공합니다.

SBS의 채널들입니다. 이상하지 않나요? SBS는 SBS 채널 하나에 여러 콘텐츠를 올리는게 나을 것 같은데요. 그래야 하나의 큰 채널에서 조회수가 많이 일어날테니까요.

아닙니다. 콘텐츠가 달라지면 저런 식으로 채널을 분리시켜 주는 것이 정답입니다.

section - 10 콘텐츠 일관성

한때는 방송국이 유튜브의 콘텐츠를 점령할 것이라는 이야기가 있었습니다. 하지만 업계 관계자의 이야기에 따르면 유튜브 확산 알고리즘의 1차 필터링이 채널 구독자로 바뀌면서 채널 구독자에게 좋은 반응을 얻지 못한 영상들은 알고리즘상 불이익을 받는다고 합니다.

진지한 뉴스를 보던 사람이 젊은 세대가 좋아하는 가벼운 느낌의 뉴스 영상이 나오면 영상을 보다 이탈할 것입니다.
많은 유튜버들이 여러 가지를 하고 싶어합니다. 게임도 하고 먹방도 하고 가끔 강아지 키우는 것도 보여주고, 브이로그도 찍고말이지요.
이렇게 채널의 일관성이 없어져 버린다면 업로드되는 영상 유형이나 주제가 달라질 때마다 시청자들의 반응은 극과 극을 달리게 될 것입니다.

패션 유튜버에서 신발 리뷰를 위주로 하다가 길거리 행인들의 패션 리뷰를 하는 식이라면 괜찮습니다. 그런데 컨셉 자체가 완전히 달라져 버린다면 문제가 생깁니다.
기획사 유튜브 중에서 마치 공중파 TV처럼 월요일은 육아, 화요일은 헬스, 수요일은 노래, 목요일은 게임 이렇게 채널 업로드를 하는 경우를 보았는데요. 채널에 확실한 마이너스 요소입니다.
물론 배우 기반 채널은 다릅니다. 배우에 충성도 높은 고객층이 쌓이면 그 배우가 밥을 먹거나 게임을 하거나 공부를 하거나 운동을 하거나 뭘 하든 그 사람을 보기 위해서 영상을 시청합니다. 콘텐츠의 일관성을 따질 이유가 없습니다. 그 배우가 출연한다는 것 자체가 일관성입니다.하지만 그 전에 나를 보러 와주는 시청자들이 많지 않다면 꼭 채널 콘텐츠에 일관성을 유지해야만 합니다.

영어교육 채널하다가 해외 유명 인사들의 영어 인터뷰 번역하면 콘텐츠 일관성을 해치는 걸까요? 이런 경우 콘텐츠의 큰 주제인 영어에서 벗어나지 않기 때문에 괜찮습니다. 영어 배우러 오는 시청자들은 아마 영어 인터뷰를 소재로 하는 영어 교육 콘텐츠에도 높은 관심을 보일 것입니다.
브이로그 시작한다고 여러 가지 다양한 자신의 모습을 촬영하는 사람들도 있는데요.
연예인이거나 외모가 특출나거나 재미있거나 개성이 있거나 특정 맥락이 있는 경우가 아니라면 처참히 실패하고 맙니다.
평범한 사람이 연예인이나 페북스타처럼 브이로그하시면 필패입니다.

section 11 유튜브를 실패하는 가장 큰 이유

처음으로 유튜브를 시작하는 사람들이 반드시 명심해야 될 내용이기 때문에 궁서체로 크게 적습니다. 이것을 제대로 이해하지 못한 채 유튜브를 시작한다면 분명 세월만 낭비하게 될 것입니다.

> ▶ 처음 유튜브 하는 사람들이 명심해야 될 내용
>
> 절대로...
> 내가 하고 싶은 것을하면 남들이 봐주겠지.
> 이런 생각 하지 마세요.
> 남이 보는 것을 염두에 두고 영상을 만드세요.
> 시청자들은 클릭 한번만 하면 다른 영상을 볼 수 있습니다.
> 나는 아니라고 생각하겠지만 유튜브를 시작하는 사람들의 90%는
> 본인이 만들고 싶은 영상을 만들고 일정 퀄리티에서 타협해버립니다.
> 다른 영상을 안보고 내 영상만 봐야 하는 이유를 만들어주세요.
> 그게 재미든 정보든 말입니다.
> 시청자가 무한도전 재방송이나 대형 유튜버의 영상 대신 내 영상을
> 봐줄 수 있도록요.
> 생판 모르는 남이 볼만한 영상들을 만들어주세요.

section 12 초반에 영상 조회수가 안 나오는 이유

유튜브 초반, 영상 조회수가 안 나오는 이유는 다음과 같습니다.

- **01** 구글, 네이버 검색에 노출이 안됩니다.

- **02** 유튜브 검색에 노출이 안됩니다.

- **03** 구독자가 없어서 구독 영상에 내 영상이 뜨지 않습니다.

- **04** 나는 셀럽이 아니라 내가 유튜브를 시작한다는 것을 알고 시청하는 사람들이 없습니다.

- **05** 지인들한테 채널운영한다고 이야기하지 않았습니다.
  (지인한테 채널 밝히지 말라는 이야기도 있습니다. 영상 봐줄 만한 사람한테만 채널을 공개하십시오)

- **06** 내 SNS나 자주 활동하는 커뮤니티, 또는 인기있는 커뮤니티에 채널운영한다고 홍보하지 않습니다.

유튜버들 대부분이 영상을 업로드하고 나서 기대를 하고 기다립니다.
많은 대형 유튜버들이 본인의 영상을 국내외 커뮤니티에 뿌리는 식의 홍보를 진행하였습니다.
어떤 유튜버는 창피해서 소주를 마시고 커뮤니티에 홍보를 했다고 고백하기도 했습니다.
처음에는 정말 극히 드문 확률로 내 유튜브 영상이 시청자들에게 노출되게 됩니다.
어쩌다 오는 기회에 내 영상을 본 시청자가 운이 나쁘게도 연속으로 영상 초반에 이탈하게 된다면 내 영상은 좀처럼 퍼질 기회를 얻기 힘들 것입니다.

초반에 유료광고를 하든, 영상을 커뮤니티에 홍보를 하든 두언가 액션이 필요한 이유입니다.
운이 좋다면 빠른 시간 안에 반응을 얻겠지만 운이 나쁜 경우 영상이 확산되는데 몇 달이나 걸리기도 합니다. 같은 퀄리티로 영상을 1년 동안 꾸준히 업로드했지만 구독자가 겨우 1천 명대에서 머물다가 1년만에 구독자가 폭증하여 한달 동안 구독자가 1천명에서 10만명까지 올라가서 눈물을 흘렸다는 이야기를 들은 적이 있습니다. 정말 운이 없었던 경우라고 봅니다. 어느 정도 영상 퀄리티에 자신있다면 조회수를 늘리기 위한 행동을 취하십시오.

PART - 05 유튜브 알고리즘 입문

section 13 구독자 빨리 모을수 있는 법

● 〈워니티비 / 조작몰카에 대한 생각〉

바로 조작방송입니다.

조작이라고 하면 나쁜 말 같은데 연출, 쇼라는 단어로 바꿔서 생각해 보도록 하지요.
모모귀신 콘텐츠, 예전 철구님 콘텐츠, 몰카 콘텐츠를 보더라도 연출, 조작된 상황은 장전된 총처럼 시청자들의 반응을 예측하고 얻어내야 합니다.

조작방송이 사기라면 피해 본 사람이 있어야 하는데 오히려 즐거움을 느끼시는 분들이 대부분이지 쇼 영상을 보고 괴로움을 겪는 일은 별로 없을 겁니다.

실제 많은 채널들이 연출된 몰카영상, 상황극, 설정으로 빠른 시간에 구독자를 모으고 있습니다.
예전 xx녀 사건이라는 조작사건이 있었고 이 여파로 인해 당시 이 분이 활동하던 커뮤니티는 하루만에 엄청난 회원이 유입되었고 이슈의 중심이 된 적이 있습니다. 조작이라고 비난하지 마시고 연출이라고 생각해야 합니다. 설정 방송과 마술쇼를 비교해 보면 마술사들이 하는 쇼가 진짜 마술이 아니라고 비난하는 게 맞을까요? 그냥 재밌게 보고 즐기면 됩니다.

유튜브에서의 설정 방송도 마찬가지입니다. 그 사람들이 시청자들에게 해를 끼칠려고 연출한 게 아니라 재미를 주기 위해 연출한 건데 좀 재밌게 봐줬으면 합니다.
조작방송은 연출방송입니다. 시청자들에게 미리 설계된 즐거움을 줍니다.

예전 모 유튜버가 락스를 먹는 영상을 조작해서 촬영한 적이 있었는데 많은 분들이 락스를 실제로 먹지 않았다고 비난하는 것을 보고 그 반응에 경악한 적이 있습니다.
쇼는 쇼인게 정상입니다.

section 14 영상에 지루함 없애기

유튜브에서 시청자들이 가장 싫어하는 것 중의 하나가 지루한 설명입니다.

유튜브 시청자들이 싫어하는 콘텐츠는 바로 주입식 수업처럼 진행되는 방송입니다. 내용이 괜찮다면 영상 퀄리티가 별로라도 필요한 사람들이 볼 것입니다. 하지만 정말로 그 정보가 필요한 사람만 볼테고 그 분야에 관심없는 사람이 시청하는 경우는 없을 겁니다.
실제 업계에서는 능력이 출중한 분이라도 내용을 세련되지 못한 방식으로 전달해서 작은 채널에 머무르는 경우가 많습니다.

유튜브에 적합한 방식으로 제작되지 않아 사람들이 반응하지 않는 콘텐츠는 유튜브가 절대 확산시키지 않습니다.

● 〈게리바이너 척의 유튜브 채널〉

SNS 전문가로 유명한 게리바이너 척의 와인 리뷰입니다.
단조롭게 와인에 대해 설명할 수도 있을텐데 굉장히 역동적인 표정과 말투로 와인에 대해 설명해 줍니다.

이 분처럼 전문적인 정보라도 얼마든지 재미있게 전달해 줄 수 있습니다.
국내에서는 '조승연의 탐구생활', 'Red Pig Academy' 등이 참고할만합니다.

PART - 05 유튜브 알고리즘 입문

제가 좋아하는 채널 중 뛰어난 전문가가 운영하는 채널이 있습니다. 그분은 자기 분야에서는 최고의 전문가지만 유튜브는 왕초보입니다. 기본적인 섬네일에 대한 개념도 없고, 조명, 음질, 영상의 흐름, 말하는 방식, 제목짓기, 태그, 주제 선정 등 모든 게 거의 0점에 가깝습니다. 원래는 꽤 고가의 비용을 받고 자기 분야 컨설팅을 하는 것으로 알고 있는데 유튜브에서는 공짜로 풀어도 사람들이 보질 않습니다.

저야 즐겁게 올라온 모든 콘텐츠를 보았지만 결국 이 분은 늘어나지 않는 구독자 수 때문에 현재는 1년 이상 유튜브를 쉬고 계십니다.
본인 분야에서는 전문가였을지 몰라도 유튜브에 대한 이해도가 떨어졌고 전달방식이 세련되지 못했습니다. 이 정도 지식을 유튜브에 공짜로 올려주니까 많은 사람들이 봐줄 거라 생각하셨겠지만 시청자들이 원하는 전달방식이 아니었기에 철저히 외면받은 것입니다.

10분짜리 영상이면 적어도 5~10번 정도 무언가 웃음의 포인트라도 만들어야지 사람들이 끝까지 영상에 집중할 수 있습니다. 말을 재미있게 한다거나 자막의 움직임을 준다든지, 효과음을 넣는다던지, 적절한 이미지 삽입 등을 하여 콘텐츠를 보강해 주어야 합니다.
엄청나게 뛰어난 전문가라도 유튜브에서 그냥 설명하는 식의 영상을 찍는다면 시청자들의 선택을 받기 힘듭니다.

전문적인 콘텐츠도 하이텐션으로 방송 가능합니다.
말의 장단, 높낮이, 강약을 조절하고 역동적인 표정과 몸짓을 보여 주는 것이지요.
조용하게 설명하고 강의하면 볼 사람만 봅니다.
많은 유튜브 시청자들 대다수는 주입식 강의 스타일의 영상을 싫어합니다. 혼자 설명하는 영상, 재미없고 무미건조하기 때문에 그런 영상을 싫어합니다.
그럼에도 불구하고 말솜씨가 없는데 가지고 있는 정보의 질이 높다면 최소한의 영상 퀄리티만 높여주세요. 필요한 사람은 봅니다. 재미있어서 보는게 아니라 정말 영상 내용이 알고 싶고 필요해서 봅니다.

만약 이야기하고 설명하는 방송이라면 사람들이 영상을 보다가 나가지 않도록 자막이나 효과음, 재미있는 말투 등으로 지루하지 않게 만들어 주세요.
이야기를 하는 셀프캠 방송도 마찬가지입니다.
지루한 설명보다는 다양한 영상 요소로 시청자에게 즐거움을 선사하세요.

section 15 채널 초반에는 질보다 양이다

01 처음에 과도하게 편집하는 사람들이 있습니다.

첫 번째 업로드할 영상이니 멋진 작품을 만들고 싶을 것입니다. 장기간 영상촬영 편집 강의를
들었던 사람들에게 나타나는 행태로 편집에 공을 들여 3~4일 정도 장시간에 걸쳐서 작업합니다.

절대 좋지 않다는 말은 아닙니다.
하지만 채널이 활성화된 상태가 아니라 초기에 이렇게 힘을 내어 영상을 올렸는데 겨우
조회수 50 또는 10 이하가 나오면 몹시 실망하게 됩니다.
그래서 처음에는 편집시간을 짧게 가져야 합니다.
초기에는 많이 테스트하고 연습하는 기간이라고 생각하는 것이 좋습니다.

02 질을 포기하고 양으로 밀어붙이느냐?

완전 날림으로 영상 공장처럼 찍어내라는 게 아니라 어느 정도의 적정선을 지키란 뜻입니다.
물이 넘치지도 모자르지도 않는 적정선처럼요.
최소 2~3시간은 편집하고 영상을 업로드 해 주세요.
컵라면에 물부어서 3분 만에 식사준비 끝내는 것을 날림이라고 한다면, 반대로 하루 전날부터
궁중요리하는 건 너무 과하다라고 할 수 있습니다.
적정선은 장 봐와서 2시간정도 불고기하고 김치찌개 준비는 정도면 충분합니다.
미리 내가 할애할 수 있는 시간을 파악하고 영상 촬영시간과 편집시간을 정해 놓으십시오.
딱 그 시간 안에 작업을 마치는 것이 좋습니다.

03 왜 양을 강조하느냐?

어떤 영상이 터질지 모르기 때문입니다. 영상이 많아야 그 중에서 터질 확률을 높일 수 있기 때문입니다.
일주일에 영상 1개 올리는 사람이랑 4개 올리는 사람은 성장속도도 4배가 차이납니다.
(동일 퀄리티라면) 요즘 추세는 전업 목표라면 주 3개는 찍어야 되는 것 같습니다.
만약 터지는 영상을 알고 있다면 대형 유튜버들은 항상 100만 조회수 이상으로 터트려야 되다만,
그들의 영상 조회수도 차이가 천차만별입니다. 터질 확률을 높이기 위해 영상의 양을 늘려야 합니다.

PART - 05 유튜브 알고리즘 입문

section 16 구독자가 적은 채널의 어려움

제 유튜브 홈에 여러 가지 영상이 보이는 와중에 '별빛마법사'님이 올리신 '첫영상'이란 제목의 영상이 보여 클릭하였습니다.

● 〈유튜버 별빛마법사님〉

이 영상을 클릭한 후 끝까지 시청한 다음에 댓글과 좋아요를 눌렀습니다. 구독자가 없을 때 알고리즘의 추천을 받기란 정말 힘듭니다. 실낱같은 확률을 뚫고 제 눈에 보여진 이 영상은 앞으로 더 많은 사람들의 유튜브 홈이나 다른 영상의 다음 영상에 추천되며 시청자의 평가를 받게 될 것입니다.

그 평가는 시청지속률, 댓글, 공유 등으로 나타나겠지요. 그리고 그 결과에 따라 더 많은 사람들의 홈이나 영상의 다음 영상에 보여질 수도있고. 더이상의 노출 기회를 얻지 못하게 될 수도 있습니다.

제 영상도 마찬가지입니다. 채널 초반에 광고나 SNS를 통한 홍보를 하지 않는다면 정말 실낱같은 확률을 뚫고 시청자들에게 영상이 노출됩니다. 이때 시청자들의 반응에 따라 내 영상이 더 퍼질지, 검색 순위가 오를지 결정됩니다.

저는 구독자수가 적은 채널의 영상을 클릭할 때면 일부러 끝까지 재생시킵니다.
영상 초반 시청자 반응이 얼마나 중요한지 알게 되면서 이런 습관이 생겼습니다.
운 나쁘게도 초반 시청자들의 반응이 별로라면 그 영상은 더 이상의 확산이 어렵게 됩니다.
(물론 특정 이슈로 인해 영상의 조회수가 다시 폭증하는 경우도 있지만 대개 힘든 일입니다.)
구독자 수가 적다면 초반 시청자들의 반응에 큰 영향을 받습니다. 어떤 분들이 내 초기 시청자가 될 것인지는 운에 따를 수 밖에 없습니다. 하지만 내 채널이나 내 주제에 관심있는 구독자가 어느 정도 확보된 상태라면 초반 시청자가 바로 그 구독자들이기 때문에 높은 반응을 기대할 수 있습니다.
그로 인한 확산까지도 기대해 볼 수 있습니다.

 유튜버들의 실전 팁

유튜브 생존 가이드
06
p162

유튜버들의 실전 팁
유튜브 생존 가이드

1. 콘텐츠 찾는 법   p164
2. 소재 응용하기   p165
3. 영상편집의 중요성   p168
4. 자신의 매력을 높이는 방법   p172
5. 스트리머에게 제안하기   p174
6. 중국 1위 인플루언서의 콘텐츠   p175
7. 진정성이란 느낌을 주는 콘텐츠   p176
8. 콘텐츠 저작권 피하는 법   p178
9. 유튜브에 나를 던지는 사람들   p179
10. 고인물은 썩는다.   p180
11. 유튜브는 운이다   p181
12. 유튜브식 말하기   p182
13. 부족한 2% 채우기   p183
14. 유튜버 영향력의 한계   p184
15. 스튜디오 룰루랄라   p185
16. 업로드를 너무 오래 쉴 경우   p186
17. 영혼없는 영상   p187
18. 유튜브의 문   p189
19. 출연자 섭외   p190

유튜브 생존 가이드

다음 파트

자동재생

분야별 심화학습
유튜브 생존 가이드

07
p192

유튜브 어뷰징
유튜브 생존 가이드

08
p208

유튜브 광고
유튜브 생존 가이드

09
p214

내 영상 분석하기
유튜브 생존 가이드

10
p222

06 유튜버들의 실전 팁

section 01 콘텐츠 찾는 법

몇 년 전까지만 해도 유머사이트나 페이스북 등 인터넷에서 재미있는 텍스트를 영상으로 바꾸어서 올리는 분들이 많았습니다. 정성들여 얻은 영상보다도 오히려 이런 말초적인 자극 영상이 조회수가 더 높습니다. '내가 얼마나 많이 정성을 들였느냐는 중요하지 않습니다. 자기 만족을 위한 것이 아니라면 영상 시청자가 원하는 영상을 만들어야 됩니다'

웃대나 오유, 네이트 판에 보면 재미있는 유머글이 많은데 이런 유머글들을 영상으로 바꾸어서 수익을 창출하는 방법이 있습니다.
화면에 글을 띄우고 본인 얼굴을 드러내면서 사연을 읽는 방식입니다.

공감가는 콘텐츠도 좋습니다. '엄마가 밥먹으라고 부를 때…', '회사 10분 지각했을 때 직장상사 반응'.'회사가기 싫을 때' 등등의 콘텐츠입니다.

● 〈대처법 채널〉

대처법 채널에 가시면 이러한 공감가능 콘텐츠가 무엇인지 확인해 보실 수 있습니다.
이러한 영상의 소재들은 유머사이트나 각 커뮤니티 게시판에 산더미만큼 쌓여 있습니다.
수익이 될 수 있는 콘텐츠로 만들 아이템은 널려 있습니다. 적당히 이것과 저것을 합치고 빼어 영상으로 제작해 보십시오.

다음은 콘텐츠를 얻기 쉬운 커뮤니티들입니다.

디시인사이드, 루리웹, 엠엘비파크, 인벤, 에펨코리아, 뽐뿌, 더쿠, 클리앙, 이토랜트, 웃긴대학, 오늘의 유머, 와이고수, 보배드림, 개드립, 인스티즈, SLR클럽, 딴지일보, 해연갤, 가생이 등입니다.

section 02 소재 응용하기

 Solfa ✓
구독자 137만명 · 동영상 53개
영상 만드는 솔파 solfastudio.co.kr 비즈니스 문의 : contact@solfa.co.kr.

● 〈solfa 채널〉

 ODG
구독자 102만명 · 동영상 35개
나는 누구, 여긴 ODG ODG 채널의 영상은 키즈 브랜드 / 쇼핑몰 www.odg.kr 으로 부터 제공 됩니다. — Videos created by Solfa ...

● 〈odg 채널〉

solfa 님이 운영하시는 두 개의 채널입니다.
출연자를 따로 섭외하고 본인은 콘텐츠 기획과 촬영, 편집작업을 합니다.

영화의 감독처럼 유튜브 콘텐츠를 총괄하여 제작합니다.
이 채널에서 그동안 진행한 콘텐츠들의 제목을 나열해 보겠습니다.

이상형 10명 한번에 만나기 X GLAM
40 대 1 이상형 찾기 실사판 (여자편)
40 대 1 이상형 찾기 실사판 (남자편)
한국 여자들 왜 이렇게 눈이 작나요? 에 대한 답변
한국 여자가 서양식 화장을 당해본다면?
미국 과자를 처음 먹어 본 한국 여자들의 반응
한국인들이 미국 수능 수학을 풀어본다면
한국인을 구분하는 법
니키미나즈 '아나콘다'를 본 한국 여자들의 반응
짜장면, 짬뽕, 탕수육을 먹은 중국인들의 반응
미국인을 구분하는 법

외국인들이 가지고 있는 한국여자에 대한 편견
담배를 처음 핀다면
전문가에게 포토샵을 빡세게 받아보았다
개고기를 먹는다면
브라질리언 왁싱을 처음 받는다면
남자들의 생리대 입히기
서울대생들이 말하는 서울대생
한국인 따라하기
서양인 얼굴 구분하기
인종차별 악플을 읽는 한국 여자들(자막 CC)
세계 1위 아이돌 원디렉션에 대한 한국 여자들의 반응

PART - 06 유튜버들의 실전 팁

북한 주제 영화를 본 한국 남자들의 반응
초딩이 말하는 요즘 초딩
미국 채팅앱, 틴더를 해보자
여성 전용 영화, 'Magic Mike'를 본 한국여자들의 반응
얼평을 해주세요
누드모델 그려보기
한국의 역사를 일본, 중국은 어떻게 배울까?
외국인들이 가지고 있는 한국남자들에 대한 편견
미국 막장애니 사우스파크 리액션
한국인들의 Hotline Bling 리액션
딸이 엄마에게 섹시 메이크업을 해준다면
위스키를 처음 마신다면
미국스타일로 빡쎄게 샷을 마셔본다면
미국스타일로 맥주를 먹어보자
인사담당자가 자녀의 자기소개서를 읽어본다면
(19)미국에서 유행했던 운동기구 쉐이크웨이트

냄새로 외국인 맞히기
하루만에 인스타그램 스타가 되어보았다 X 72초
미국의 병맛 홈쇼핑 제품을 알아보자
외국인이 한국인의 정을 처음으로 느껴본다면
사상검증 소개팅 - Ep1
원어민 강사에대한 편견과 답변
프로게이머들이 말하는 프로게이머
중2가 말하는 중2병
외국 악마를 부르는 게임, 찰리찰리를 해 본다면
이대생들이 말하는 이대생들에 대한 편견
남자들이 '오르가즘'을 그림으로 그린다면
칵테일 마셔보기
홍어 vs 외국인 마지막 영상
두유 노우 김치?
사상검증 소개팅 - Ep4

콘텐츠의 형식을 단순화하면 다음과 같습니다.

1대 다수 미팅
x는 왜 y인가요?
x가 y한다면?
x를 처음 y해본 z의 반응
x를 구분하는 법
x를 본 y의 반응
x가 가지고 있는 y에 대한 편견
만약 x를 처음 한다면?
전문가에게 x를 받아보았다
x를 한다면?
x가 말하는 x
x 따라하기

x 구분하기
x를 읽고 반응
x를 해보자
x에 대한 평가를 해주세요
안해봤던 x 해보기
x에 대한 y의 편견
x에 대한 리액션
만약 x가 y에게 z를 해준다면
해외에서 유행하는 x
x로 y 맞추기
x vs y

section - 02 소재 응용하기

그럼 이 형식에 맞춰 여러 가지 소재들을 찾아 적어 봅시다.

1대 다수 정치 토론
바나나우유는 왜 노란색인가요?
할아버지가 비보잉을 한다면?
겨울 눈을 처음 본 강아지의 반응
강아지 얼굴만 보고 암컷과 수컷을 구분하는 법
개장수를 본 고양이의 반응
목사님들이 가지고 있는 스님에 대한 편견
만약 고소공포증을 갖고있는 사람이 번지점프를 처음 한다면?
전문가에게 두개천골요법을 받아보았다
라면에 솜사탕을 넣어 먹는다면?
70대 할머니가 이야기해 주는 옛날 성교육
페이커의 탑소나 따라하기

등등등등...

이런 식으로 타 유튜버의 소재를 응용해서 내 소재를 찾아낼 수 있습니다.

PART - 06 유튜버들의 실전 팁

section 03 영상편집의 중요성

유튜브에서 편집이 차지하는 비중이 얼마나 될까요?
기획이 30%, 촬영이 20%, 배우가 30%, 편집이 20%. 이렇게 보면 편집이 20% 정도?
아닙니다. 과장하면 편집이 90% 입니다. 영상을 재미있게 만드는 건 편집이 90%입니다.
잘 이해가 되지 않는 분들에게는 '최첨단 편집-영화편집의 마술' 이란 다큐멘터리를 추천드립니다.

● 〈 '최첨단 편집 – 영화 편집의 마술 The Cutting Edge:
The Magic Of Movie Editing, 2004 '의 한 장면〉

1인 셀프캠 유튜버보다는 스토리가 있고, 여러 인물들이 나오는 영상들을 찍는 분들에게
추천드리는 다큐입니다.

영상 편집 유형을 세가지로 나눠 보겠습니다.

01 편집하는 시간이 아깝다 그냥 찍어 올리자!

스마트폰으로 찍은 영상 그대로 업로드하는 경우입니다. 만약 출연하는 배우가 매력적이지 않다면
채널이 흥하기 힘듭니다.

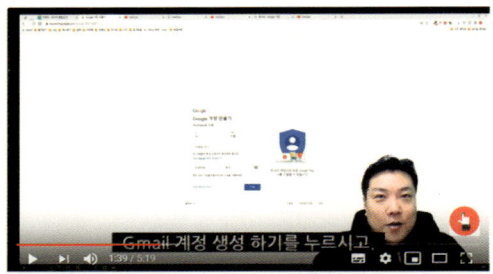

section - 03 영상편집의 중요성

02 기본적인 영상편집만 하는 경우

영상 자르고 오려붙이기, 배경음, 자막 정도만 추가하는 경우입니다. '뱁믹스' 프로그램 하루만 배우셔도 이 정도는 가능합니다. 많은 셀프캠 채널들이 이런 식의 영상편집을 진행합니다.

저희가 운영하는 '유튜브팹' 채널이 이 정도 편집을 합니다.

위 두 분도 추천드립니다.

1인 셀프캠 유튜버들에게는 이 정도의 영상편집을 추천드립니다.
10분짜리 영상을 편집 작업하는 것만 해도 3~5시간 정도가 걸릴 것입니다.

03 여러 가지 효과를 넣어 편집하는 경우

자막 효과, 효과음, 화면 구도, 영상 끊김, 말의 강약과 장단, 줌 효과 이미지나 영상의 삽입 등 다양한 효과를 넣어서 편집하는 경우입니다.

영상을 보다 보면 편집자의 의도된 장치들을 확인할 수 있습니다.
이 정도 참고할 만한 영상들을 몇 개 나열해 보겠습니다.

'여러 가지 효과를 넣어 편집하는 경우' 시간을 갈아 넣는 유형입니다.
아이템의 인벤토리님, 1분과학님, G식백과님, 지존조세님 이렇게 네 분 추천드립니다.
어떤 주제의 내용을 많은 이미지와 영상을 통해 재미있게 설명해주시는 분들입니다.
10분짜리 영상 하나를 편집하는 데 적게는 10시간 많게는 3일 이상 걸릴겁니다.

편집도 파악해야 되지만 이 분들의 영상 스타일과 말투, 만화로 그린 캐릭터도 눈여겨 봐주세요.
제게 누군가 'A란 주제로 이 분들이 영상을 찍는다면 어떤 영상이 나올까?' 이런 질문을 주신다면 곧바로 내 머릿속에는 이 분들의 말투와 영상 진행 방식이 그려질 것입니다.
각자가 개성있는 스타일로 영상들을 편집하고 있습니다.

section - 03 영상편집의 중요성

만약 적절한 질문을 스스로에게 던지고 답을 찾아나간다면 나만의 스타일을 완성할 수 있습니다.

- ((•)) 저렇게 자막 올릴려면 어떤 프로그램 쓰지?

- ((•)) 이 상황에서 재미있게 하려면 이 때 어떻게 자막을 넣어야 할까?

- ((•)) 아하~ 저 사람은 저렇게 했지만 나라면 이때 이런 자막 넣을거야

- ((•)) 촬영을 도와 줄 사람이 없어. 어떻게 하면 한 각도에서 찍은 영상을 지루하지 않게 할 수 있을까?

- ((•)) 내가 제일 좋아하는 것, 많이 아는것, 주변어 도움을 받을수 있는 소재가 뭐가 있을까...

- ((•)) 어떤 배경음과 효과음이 좋을까? 효과음 모아 놓은 파일은 없을까? 등등등

PART - 06 유튜버들의 실전 팁

section 04 자신의 매력을 높이는 방법

이쁘지 않아도 잘생기지 않아도 됩니다.
매력은 정해진 수치가 아니라 상황에 따른 반응입니다.
충분히 후천적으로 개발 가능합니다.
다른 유튜버의 영상을 보고 나라면 이 상황에 어떻게 반응하고 말할지 연습해 보세요.
매력은 말과 행동과 표정에서 묻어 나온다고 생각합니다.
강호동씨가 씨름 그만두고 방송 출연을 준비하고 있을 때 하루 종일 방송보면서 내가 저 상황이라면 어떻게 말하고 반응할지 연습했다고 하네요.

매력이 없어도 컨셉과 영상 편집으로 극복할 수 있습니다.
원본 영상이 식재료라면 편집은 요리입니다.
질좋은 식재가 아니더라도 조미료 듬뿍 넣고 맛있게 조리하면 먹을만합니다.

- 〈katherineparkfanpage / 난 연주는 못하지만 편집은 잘하지〉

위의 영상을 참고해 보십시오. 편집은 마법과도 같습니다. 생방송이라면 어쩔 수 없지만 유튜브 녹화방송은 편집만으로 없던 매력도 만들어낼 수 있습니다.
다만 그 한계는 존재해서 편집 외 본인만의 매력을 키우는 것이 중요합니다.

잘 생겼는데 짜증내는 표정짓는 사람보다는 평범한 얼굴에 미소짓는 표정이 더 사람들의 호감을 얻습니다.

section 05 스트리머에게 제안하기

내가 기획도 잘하고 영상편집도 어느 정도 할 줄 아는 반면에 말도 어눌하고 외모를 포함한 외적인 매력이 부족할 때, 어떻게 해야 할까요? 채널을 팀으로 운영하는 것도 추천드립니다. 영상편집과 채널운영은 내가 하고, 스트리머나 유튜버, 지인을 출연자로 내세우는 거죠.

이 중에서 스트리머에게 제안하는 경우에 대해서 생각해 봅시다.
만약 내가 생방송 스트리머인데 누가 내 생방송 영상을 가지고 유튜브 채널을 만들어 주고, 영상편집을 대신해 준다면 어떨까요? 처음에 월급을 주지 않고 나중에 채널이 성장하면 광고수익을 나누어 준다고 한다면? 저라면 승낙할 것 같습니다.

스트리머의 장점은 다음과 같습니다.

- **01** 유튜브 채널을 통한 아프리카 TV나 트위치 시청자 유입

- **02** 유튜브를 통한 광고 수익

- **03** 유튜브 구독자가 늘어남으로 인한 채널의 성장 및 가치 증대

몇 가지 해당 스트리머의 방송을 녹화해 편집해서 보낸 다음 유튜브 채널운영을 제안해 보세요.
매력적이고, 방송이 재미있는 스트리머인데도 유튜브를 안한다면 한번 제안해 보세요.
내가 재미있게 즐겨보는 스트리머라면 금상첨화입니다.

어쨌든 유튜브는 하고 싶은데 본인이 출연하기 싫은 분들은 협업하는 것도 하나의 방법입니다.
꼭 스트리머가 아니더라도 영상편집은 못하지만 재미있는 유튜버 주변 지인과의 협업도 가능합니다.

section 06 중국 1위 인플루언서의 콘텐츠

중국 왕홍 1세대였던 파피장이란 인플루언서가 있습니다.
그녀가 활동하는 플랫폼은 유튜브가 아니라 요우쿠랑 텅쉰 등이며 동영상 1개의 평균 조회수는
800만회로 생방송의 경우에는 평균 2천만 명이 접속합니다.

파피장의 콘텐츠는 짜깁기도 몰카도 먹방도 뷰티도 아닙니다.
그녀의 콘텐츠는 하나의 주제에 대에 이야기하는 영상입니다.
재미, 정보, 공감의 3요소 중 그녀의 영상은 누구나 공감할 수 있는 주제를 자신만의 개성으로
재미있고 익살스러운 방식으로 표현하였습니다.

내게 아무 것도 없다면 한가지 주제에 대한 나만의 생각을 5분짜리 대본으로 쓰고 촬영을 해 보세요.
그리고나서 지루한 부분을 편집하세요.

특별한 것이나 새로운 주제가 아니어도 괜찮습니다.
다만 사람들이 흥미로워할만한 주제여야 합니다.
현재 김덕배님 등 수많은 유튜버들이 이런 자기 생각을 이야기하는 콘텐츠를 진행하고 있습니다.

section 07 진정성이란 느낌을 주는 콘텐츠

유튜브에서 사랑받는 콘텐츠가 있습니다. TV에서는 쉽게 볼 수 없는 내용입니다.
연예인이 아닌 평범한 사람들이 가까운 사이가 아니면 하기 힘든 자신의 이야기를 할 때,
리얼한 삶이라는 느낌을 줄 때 시청자들이 그 상황과 생각에 공감할 때 높은 조회수를 얻습니다.
아래 총 12가지 유튜브 영상 사례를 올립니다.

12가지 영상들을 보시면 유튜브에서 항상 강조하는 진정성에 대해 어떤 느낌을 받으실 수 있을
겁니다.

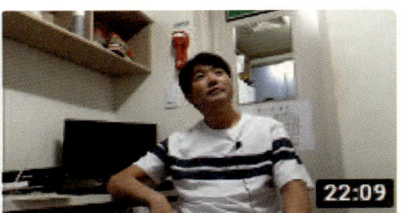

section - 07 진정성이란 느낌을 주는 콘텐츠

내가 35살이나 처먹고 4평원 룸에 사는이유/ 10년차 직장...

[MJ] 여자 혼자 고시원 편 (Feat. 4년째 살고 있는 고시...

대기업 때려치고 식당 창업한 이유? 후회 막급

가장 운좋은 세대, 지금이 단군 이래 돈벌기 가장 좋은 시대...

무넣고 시원하게 끓인 굴비찌 개, 달걀후라이, 김장김치, 김...

어머니와 [[짜파게티 먹방]] with 계란 반숙!! - Mukbang...

section 08 콘텐츠 저작권 피하는 법

유튜브에는 콘텐츠 아이디 시스템이 있습니다. 영상 속 음정의 속도나 높낮이를 약간 조절하거나 몇 초 이하의 음악을 사용하거나 영상의 좌우반전, 화면 안에 영상을 작게 넣는다든지, 영상편집 프로그램을 통해 영상을 일그러뜨린 후 다시 원래 형태로 돌려 내부 정보를 깨는 등(?) 별별 꼼수를 다 쓰기도 합니다. 영상도 몇초 이하 영상만 쪼개 넣기도 하구요.
하지만 이렇게 한다고 해서 저작권을 피할 수 있는 것은 아닙니다.
시청자가 신고할 경우 어느 순간 채널 제재를 당합니다.

일부 유튜버의 경우 미리 제작사와 협의하에 영화를 만들기도 합니다. 그걸 모르고 열심히 영화를 다운받아 영화리뷰 콘텐츠를 만들어봤자 저작권 신고를 당할 뿐입니다.
우리나라 영화리뷰의 특징은 영화를 다운받아 그 영상을 그대로 요약해 준다는 겁니다.
아예 유튜브 영상 제목에 '결말 포함'이라 붙이는 사람들도 있습니다.

● 〈Red Pig Academy / ★라이언 일병 구하기 1★가장 완벽한 노르망디상륙작전의 재현- [Video Cafe]
★라이언 일병 구하기 1부★ 전쟁 영화의 교과서가 된 세기의 영화〉

● 〈천재이승국 / '엔드 게임' 이해가 안됐다면 꼭 보세요! 영화 속 상황들의 의미와 캐릭터의 심리 상태 총정리〉

위 두 영상처럼 본인의 의견이나 감상, 영화 주변 정보들을 80% 이상 채워나가고 영상이나 이미지를 짧게 이용한다면 저작권 신고에 걸리더라도 콘텐츠 공정이용으로 항소할 수 있을 것입니다. 기본적으로 영상들은 약간의 필터효과를 넣어서 어쨌든 원본 영상에서 변화를 주는 것을 권합니다.

그 밖에 연예인의 인스타그램이나 페이스북에 올린 영상을 빠르게 가져오거나 해외 SNS 틱톡, 러시아 SNS 등에 있는 영상을 가져오거나 하는 식으로 유튜브 콘텐츠 아이디 시스템에 잡히지 않는 영상들을 사용하기도 합니다.

section 09 유튜브에 나를 던지는 사람들

유튜브에 자신을 통째로 던지는 분들이 있습니다. 유튜브와 개인의 삶이 분리가 안되는 분들입니다.
유튜브 자체가 그 분들의 삶이 되어버린 것을 보면 시청자 입장에서는 위태로워 보입니다.

영국의 유명 셀럽이었던 Jade Goody입니다.

평범한 개인에서 리얼리티 프로그램 출연으로 단번에 인기를 얻습니다.
인기를 얻은 후 또다른 방송 촬영 도중 암 말기 판정을 받습니다.
제작진이 촬영을 말렸지만 자신의 결혼과 사망 이후의 특집 방송까지 거액을 받고 방송계약을
맺습니다.

자신의 사후 장례식까지 방송에 내보냅니다.
국내 한 뉴스에서는 이렇게 한 줄 평을 하더군요.
'빈민가에서 태어나 가난한 삶을 살던 제이드 구디는 미디어를 통해 원하는 것을 얻고,
미디어 안에서 생을 마감한다.'
모니터 안이지만 자신을 대중에게 드러내고 자신의 삶 자체를 던지는 식의 방송을 하는 분들을 보면
그냥 가볍게만은 보이지 않습니다.

해외에서는 자신과 가족의 삶을 미디어에 그대로 드러내고 거기서 얻는 유명세로 많은 금전적
이득을 얻고 사업을 확장해 나가는 사람도 있습니다.
유튜버가 유튜브라는 바다에 자신을 던질 때 사람들은 진정성을 느끼는 것 같습니다.

PART - 06 유튜버들의 실전 팁

section 10 고인물은 썩는다.

한가지 유형으로 성공했다고 해서 계속 그 유형을 고수하면 필패합니다.
우왕굳이라는 유튜버가 한 이야기가 있습니다.

'동네에 햄버거 가게가 있는데 매일 매일 햄버거만 먹으면 질린다' 이런 이야기였지요.
유튜버가 좋아지면 시청자는 그 유튜버가 올린 영상을 정주행하고 그 다음에는 계속 다음 영상을 기다린다고 합니다.

시청자의 반응에 따라 콘텐츠의 변화를 주어야만 합니다
한가지 게임으로 성공한 유튜버가 계속 그 게임만 고집한다면 어떨까요?

마인크래프트, 스타, 롤, 오버워치 이 정도 게임을 제외하고 어떤 게임이든 흥망성쇠가 있습니다.
적당한 시기에 콘텐츠를 갈아타야 합니다.
물론 반응이 좋은데 굳이 콘텐츠를 바꿀 필요는 없습니다. 조회수가 어느 정도 이하로 떨어지면 즉각적인 개선이 필요합니다.
실제 유튜브 채널들을 살펴보면 수십만 구독자인데도 불구하고 조회수는 겨우 1천회가 채 일어나지 않는 채널들이 종종 보입니다.

section 11 유튜브는 운이다

일반인이 한달 남짓한 짧은 기간에 구독자 수천명을 만든 경우를 몇 번 보았습니다.
이 때 유튜브의 성공비법을 알았다고 착각하는 경우가 있습니다. 유튜브 콘텐츠 퀄리티를
일정 수준 이상 맞춘 다음에는 운이 크게 작용합니다.

유튜브 알고리즘은 시청자 기반 알고리즘입니다. 시청자가 최우선입니다. 시청자가 좋아할 만한
영상을 만들어야 하는데 시청자의 반응은 방송사 PD도 예측하기 어렵습니다. 예측이 가능했으면
손대는 모든 방송 프로그램이 전부 시청률 1위에 근접했겠죠.
하물며 우리가 시청자의 반응을 완벽하게 예측하기란 불가능에 가깝습니다. 어떤 영상이 시청자의
반응을 얻을지 100% 알고 있는 사람이라면 당장 공중파에 억대 연봉으로 스카웃될 만한 인재일
것입니다. 운이 너무나 크게 좌우합니다.

자만하지 않고 영상편집 수준을 유지하고 시청자들의 피드백과 유튜브 스튜디오의 통계수치를
참고하여 계속 개선해 나간다면 운이 곧 실력이 되는 날이 올 것입니다.
지속적으로 영상을 개선해 나간다면 실패하고 마는 경우는 거의 없을 것입니다.

PART - 06 유튜버들의 실전 팁

section 12 유튜브식 말하기

유튜브에서 잘 통하는 말하기 방식이 따로 있습니다.

●〈잇섭 채널〉

잇섭님의 말을 들어보면 일반적인 대화에서 쓰는 말이 아니라 약간 연기하는듯한 발성이라는 것을 확인할 수 있습니다. 그 외 G식백과의 김성희님도 마찬가지입니다.
실제 일상생활에서는 이러한 발성을 사용하지 않으실겁니다.

유튜브에서는 유튜브에 적합한 발성이 필요하다는 말입니다.

●〈storypong / 동화사랑 이규원 동화구연을 위한 발성법〉

그 밖에 게임 유튜버나 10대 대상 채널이라면 유튜브에서 '구연동화', '동화구연지도사' 등을 검색하여 구연동화의 발성을 참고하셔도 괜찮습니다.

성우 강의보다 구연동화 강의가 더 쉽습니다.
구연동화에서는 발성, 성대모사, 상황 표현력 등을 배울 수 있고 구연동화 강의는 성우 강의에 비해 수강료가 저렴한 경우가 많습니다.

section 13 부족한 2% 채우기

- **01** 오프닝에 들어갈 CM송 만들기

- **02** 방송 외적으로 나에 대해서 시청자가 알 수 있도록 SNS 하기

- **03** 절대 시청자에게 가르치려 하지 말기

- **04** 글쓴이가 좋아할 만한 댓글을 써야 됩니다.

- **05** 라이브 방송하기. 라이브방송으로 팬을 쉽게 늘릴 수 있습니다.
  시청자 입장에서는 약간 연예인과 팬미팅하는 느낌을 줍니다.

- **06** 팬 한 명이 100명, 1000명의 가치를 지닐 수 도 있습니다. 나중에 라이브 방송 해보시면 여러 명이 조금씩 슈퍼챗을 쏘는게 아니라 몇 명이 크게 쏩니다. 될성부른 팬은 꼭 기억하시는게 좋습니다. 충성팬을 처음에 10명, 100명 이런 식으로 늘려 나가십시오.

- **07** 일부 팬과 유튜버와의 관계에는 약간의 연애감정이 들어갈 수도 있습니다.
  마치 보이밴드와 여성팬들의 관계처럼요. 이 감정을 이용해 채널을 운영하기도 합니다.

- **08** 시청자들에게 방송 외적으로도 콘텐츠에 대한 다양한 체험을 시켜줘야 합니다.
  오프라인 행사도 좋습니다.

- **09** 유튜브를 한다는 건 이제 나 자신이 하나의 상품이 된다는 것으로 이해하시면 좋습니다.
  나 자신의 상품화입니다.

- **10** 유튜브는 나를 좋아하는 사람들을 많이 만드는 게임. 이게 핵심입니다.
  굳이 시청자들이 싫어하는 이야기나 행동은 하지 마십시오.

- **11** 처음에 편집 실력을 늘리려면 롤모델 영상 하나를 선정하여 스타일 그대로 따라해 보면 됩니다.
  배경음, 효과음, 자막움직임, 줌효과 등 모든 것을 따라해 보면 실력이 확 늘게 됩니다.

- **12** 내가 시청자에게 느끼게 하고 싶은 감정과 줄 수 있는 것을 확인합니다.
  내 시청자의 나이대나 성별 그리고 뭘 좋아하는 집단인지
  (B급 문화 좋아하는 20대 대학생?) 확인 후 그 사람들에게 적합한 언어를 씁니다.

- **13** 나를 대표하는 색이나 음악, 편집, 밈 등, 내방송하면 떠올릴 수 있는 밈 만들기.

section 14 유튜버 영향력의 한계

구독자수 100만인 '진형욱'씨를 제 유튜브 채널에 초대해서 영상을 찍어도 조회수 1,000을 넘기기가 힘들 것입니다. 왜냐하면 사람들이 '진형욱'으로 검색하면 '진형욱'씨의 기존 영상이 뜨기 때문에 검색으로 들어오는 시청자를 기대할 수 없습니다. 시청자가 구독을 누른 채널의 영상이 유튜브에서 맞춤이나 추천채널 등으로 뜨기 때문입니다.

많은 기업에서 이 부분을 이해하지 못하여 제대로 운영하고 있는 작은 규모의 채널에 유명인을 섭외하여 영상을 촬영합니다. 따로 유튜버가 다른 채널에 영상을 업로드했다고 언급하지 않는 한 조회수는 절대 높게 나올 수가 없습니다. 섭외비 낭비입니다.

유튜버는 자기 채널 안에서 가장 영향력이 높습니다.
소규모 기업채널에서는 유명 유튜버를 섭외하지 마시고 그 유명 유튜버의 채널에다 영상을 업로드할 수 있게 요청하십시오.
이렇게 하는 것이 훨씬 더 효과적입니다.

section 15 스튜디오 룰루랄라

지금은 워크맨으로 장성규씨가 큰 인기를 얻고 있지만 오래전 JTBC에서 장성규님은 이미 유튜버 활동을 시도한 적이 있습니다.

 스튜디오 룰루랄라- studio lululala
구독자 70만명

● 〈스튜디오 룰루랄라 채널〉

몇 년 전 유튜브 강의를 할 때면 채널 실패 사례로 항상 예시로 들던 채널이었지만 지금은 승승장구 중입니다. 워크맨, 왓썹맨이 스튜디오 룰루랄라의 작품입니다.

지금은 당시 조회수가 낮던 영상의 제목에 '장성규 성지순례', '김민아 성지순례' 등의 이름이 덧붙여있습니다.

한창 영상이 업로드될 때에는 유명 연예인이 출연하고도 거의 1년 가까이 구독자 수가 2,000을 채 넘지 못하여 경악을 했습니다.

최고의 카메라 장비와 수십 명의 스탭, 유명 연예인과 아나운서가 출연하는데도 이런 결과를 낼 수 있는지 의문이었습니다.
지금은 감히 평가를 하기 힘들 정도로 완벽하게 유튜브 시청자를 파악하여 잘 먹히는 콘텐츠들을 제작하고 있습니다.

최근에는 새로운 콘텐츠를 진행할 경우 채널 분리가 당연시 되고 있지만 이 당시만 해도 이런 부분을 모르는 분들이 대부분이었거든요.
채널분리와 콘텐츠 기획 연출의 힘이라고 생각합니다.
많은 분들이 나도 장성규나 김민아같은 재능있는 사람들을 배우로 쓰면 유튜브 채널을 성공적으로 운영할거라 생각하는데 커다란 착각입니다. 우리에게 보이는 것은 장성규나 김민아이지만 그 영상 하나 제작하는데 다른 여러 사람들이 정말 많은 시간을 쏟아부어야 합니다.

지금 젊은 세대들에게 잘 먹히는 영상 형태가 궁금하신 분들은 스튜디오 룰루랄라의 채널을 꼭 보시길 바랍니다.

section 16 업로드를 너무 오래 쉴 경우

> **신청 후 내 채널 수치가 기준 밑으로 떨어지면 어떻게 되나요?**
>
> 공개 동영상의 유효 시청 시간 기준을 충족하게 되면 YouTube에서 검토자에게 채널 검토를 요청합니다. 따라서 검토 대기 중에 구독자 수나 시청 시간이 기준 밑으로 떨어지더라도 문제가 없습니다. 기준을 충족하여 YPP 참여 신청을 했다면 계속 YPP에 적합한지 검토합니다.
>
> 하지만 YouTube에서는 채널이 6개월 이상 비활성 상태이거나 커뮤니티 게시물이 업로드 또는 게시되지 않은 경우 재량에 따라 채널의 수익 창출 자격을 박탈할 권리를 보유합니다.
>
> YouTube 수익 창출 정책을 위반한 채널은 시청 시간과 구독자 수와 관계없이 수익 창출 자격을 잃습니다.

유튜브 애드센스 약관에 의하면 6개월 이상 유튜브 활동을 하지 않을 경우 유튜브의 재량에 의해 수익창출이 중지될 수 있습니다. 유튜브가 중지 가능하다고 약관에 업로드한 이상 채널을 잠시 멈추고 있는 사람이라도 이라도 6개월에 한번 씩은 커뮤니티에 글이라도 남기어서 수익창출 상태를 유지하는 것이 낫습니다.

유튜브 시작 후 1차 관문이 구독자 1,000명과 시청시간 4,000시간 달성 후의 수익창출입니다. 수익창출 후에는 한달에 100만원 이상 벌거라 생각하지만 콘텐츠에 따라 한달 수익이 10만원에도 미치지 못하는 경우도 있습니다. 이른바 영상 제작 시간을 고려하면 최저시급도 안나오는 경우입니다.

수익창출만 되면 잘 풀릴거라 생각했는데 막상 기대하던 수익이 나오지 않아 업로드를 중단하기도 합니다. 초기에 불붙었던 열정이 식고 나면 1주, 2주, 한달, 두달 기약없이 쉬는 경우도 있습니다. 유튜브를 시작하셨다면 최소한 한달에 한번은 업로드하며 채널을 유지하는 것이 좋습니다.

section 17 영혼 없는 영상

모 유튜버가 '기획사 유튜버들 중 망하는 비율이 생각보다 많은데 정확한 실패 원인을 설명하기 어렵다. 영상은 괜찮은데 영혼이 없다는 느낌을 받는다' 이런 글을 쓰신 적이 있습니다. 새로운 유튜브를 워낙 많이 찾아보다보니 저 또한 많은 사랑받지 못한 기획 채널들을 보았습니다.

유튜브 붐이 일면서 개인이 아닌 작은 회사, 소규모 기획사 형태로 채널을 운영하는 곳이 많이 생겼습니다. 첫 영상부터 어느 정도 퀄리티를 갖춘 채 시작합니다. 여러 대의 카메라를 사용해서 다양한 각도로 촬영하고, 촬영장소는 스튜디오, 뭔가 정형적인 방송 스타일의 출연자 분이 나오고요.
이런 채널들 중 이상하게 뜨지 못하는 경우가 많습니다. 영혼없다란 표현을 하셨는데 제가 볼 때는 출연자의 캐릭터성, 개성, 느낌이 다른 외부적인 촬영, 편집, 대본에 묻혀 발휘되지 않을 때 이런 영혼없는 느낌을 주는 것 같습니다. 유튜브 채널의 배역이 그 사람의 이미지와 맞지 않을 때도 영혼없이 느껴집니다. 진정성과 매력이 느껴지질 않습니다.

유튜브는 절대적으로 출연자의 매력이 중요한데 출연자가 잘 짜여진 기획의 일부가 되다보니 그런 것 같기도 합니다.
90% 잘 차려진 밥상같은 촬영에 10% 비중의 출연자를 살짝 얹어놓은 듯한 느낌을 받기도 합니다. 굳이 그 출연자가 나오지 않아도 될 것 같고 다른 출연자로 대체해도 괜찮을 것 같다는 생각은 금물입니다. 유튜브에서 가장 중요한 것은 배우, 출연자이고 배우의 비중이 90%라고 일갈하셨던 분도 있는데 기획채널에서 꼭 생각해 볼 부분입니다.

우린 촬영 장비도 있고 전문 스탭도 있고 기획도 제대로 되어 있어 배우만 구하면 된다. 이런 생각은 절대 금물입니다. 오히려 출연자에 맞춰 진행해야 합니다.

● 〈와썹맨 채널〉

와썹맨에서 박준형씨를 빼고 다른 사람을 넣는다면?

PART - 06 유튜버들의 실전 팁

● 〈워크맨 채널〉

워크맨에서 장성규님을 빼고 다른 사람을 넣는다면 어떨지?
두 채널 모두 영상에서 출연자의 매력, 느낌을 살려줍니다. 미리 짜놓은 기획에 배우를 넣는 것이 아니라 출연자에 맞춰 채널이 기획됩니다.

● 〈Loud G 채널의 '왜냐맨' 방송〉

프로게이머 장민철님과 아나운서 김민아님이 출연하는 '왜냐맨' 방송입니다. 기획안 대본 다 짜놓고 그 대본대로만 방송을 진행했다면 방송국마다 큰 차이없이 진행되는 '아침의 일기예보'같은 방송이 되었을거라 생각합니다. 출연자를 살리는 쪽으로 촬영했기에 폭발적인 반응을 얻어낼 수 있었다고 생각합니다.

'영혼없다는 느낌'을 지우려면 매력있는(외모의 예쁘고 잘생김을 이야기하는 것이 아님) 출연자 섭외가 첫 번째고 그 출연자를 고려해서 한번 더 기획, 대본, 촬영 등을 수정하면 좋을 것 같습니다.

section 18 유튜브의 문

2020년 현재 유튜브의 문은 아직 누구에게나 활짝 열려 있습니다.
유튜버 포화상태를 100으로 보았을 때 지금 유튜브는 20 정도에 도달한 것 같습니다.
시간이 지날수록 구독자 모으기는 더욱 더 힘들어지고 수익창출에 대한 규정도 보다 강화될 겁니다.
현재보다 유튜버는 10배 이상 많아질 것이고 유튜브의 모든 카테고리가 가득 채워질 겁니다.
지금도 공중파와 종편에서 연예인이 유튜브하는 모습이 나오고 유튜버들이 많은 수익을 낸다는
뉴스가 나옵니다.

'나중에 유튜브 하지 뭐.'
이런 생각을 갖고 계신 분들은 다시 생각해보셔야 됩니다.
생각보다 빠르게 유튜버의 진입장벽은 높아져 갈 것이기 때문입니다.

당연한 결과입니다. 초창기 페이스북, 인스타그램, 카카오스토리를 생각해 보십시오.
초기에는 구독자를 늘리는 일이 엄청나게 쉽습니다. 다들 시작을 미루다가 나중에야 후회하며 진입합니다.
아직까지 유튜브의 문은 열려 있습니다. 하지만 나중에는 지금의 5배 이상 노력을 기울여야 비슷한
채널로 성장이 가능할 겁니다. 지금 스마트폰 세대들이 학업에서 벗어나 여유 시간에 유튜브를 본격
적으로 하는 시기가 온다면 유튜브는 쉽게 시작하지 못하는 매체가 될 수도 있습니다.

section 19 출연자 섭외

돈없을 때는 본인이 직접 출연하거나 지인 또는 지인의 지인 이런 식으로 출연자를 섭외해야 합니다. 출연자를 섭외한 후 수익분배에 대한 계약서를 쓰고 채널을 공동운영하는 경우도 있습니다만 관련 성과나 이력이 없는 상태라면 거의 이루어지기 힘듭니다. 기타 대학교 게시판이나 자주 가는 커뮤니티, SNS 등을 통해 출연자를 모집하기도 합니다.

만약 전문적인 연기자의 섭외가 필요하다면 '필름메이커스' (www.filmmakers.co.kr) 사이트를 이용하시길 추천드립니다. 영화 커뮤니티인데 많은 분들이 촬영 스탭이나 배우들을 이 커뮤니티를 통해 섭외하고 있습니다.

● 〈 filmmakers.co.kr 의 '연기자 프로필' 게시판 〉

'액터스 커뮤니티' 메뉴의 '연기자 프로필' 란을 보시면 성별, 연령대 별로 구분하여 연기자들의 프로필을 보실 수 있습니다. 프로필란에는 연락처가 포함되어 있으니 직접 섭외 메일이나 연락도 가능하십니다.

'액터스 커뮤니티'의 '배우모집' 란을 보면 직접 출연자 모집 공고를 올리실 수 있는데
'연기자 정보방'이나 '기타'게시판에 공고글을 올리시면 됩니다.
구독자 수십 만의 한 유튜브 채널에서는 2~3시간에 10~15만원, 6~8시간에 20~30만원 정도 출연료를 내걸고 출연자 모집을 진행하고 있습니다.
일반인이 아니라 전문적인 연기자에 해당하는 비용입니다. 업체를 통해 출연자를 섭외하면 50만원을 훌쩍 넘기는 비용이 들겠지만 직접 섭외시 거의 절반으로 비용을 낮출 수 있습니다.
아래는 출연자 섭외 공고 예시글입니다.

▶ 출연자 섭외 공고 예시글

안녕하세요

유튜브팹에서 유튜브 출연자 섭외합니다.

당뇨병에 걸린 일반인들의 질문에 전문적인 지식으로 답해 주는 의사 역할이고요.

40대 남성분 중 근엄한 느낌을 주는 분을 모집합니다.

촬영 일자 : 2020년 5월 1일 오후 2시 (촬영시간 5시간 예상)

촬영 장소 : 서울시 광진구 군자동 xx병원

출연료 : 20만원

4984man@naver.com 로 프로필과 영상 부탁드리겠습니다.

감사합니다.

YouTube 분야별 심화학습

07 유튜브 생존 가이드
p192

분야별 심화학습
유튜브 생존 가이드

1. 게임채널 운영시 참고사항   **p194**
2. 썰영상   **p198**
3. 짜깁기 채널의 최후   **p199**
4. 해외 채널 운영하기   **p200**
5. 식품 리뷰   **p201**
6. 콘텐츠의 세분화, 구체화   **p202**
7. 골목식당 콘텐츠 초반에 사용하는법   **p205**

유튜브 생존 가이드

다음 파트

자동재생

유튜브 어뷰징
유튜브 생존 가이드

유튜브 광고
유튜브 생존 가이드

내 영상 분석하기
유튜브 생존 가이드

유튜버의 수익모델
유튜브 생존 가이드

07 콘텐츠 분야별 팁

section 01 게임채널 운영시 참고사항

게임채널을 두가지로 나눠본다면 '종합게임채널'과 '게임 몇가지를 주로 하는 채널'로 나눌 수 있습니다. '종합게임채널'은 가급적 추천드리지 않습니다. 팬층을 구축하는데 너무나 오랜 시간이 걸립니다.

지존조세
구독자 12.6만명 · 동영상 157개
게임 리뷰 채널.

● 〈지존조세 채널〉

성장이 너무 더뎌서 의아했던 '종합게임채널'입니다. 이 분은 자기 캐릭터와 독특한 말투, 잦은 생방송 등으로 팬을 구축하였는데 이 정도 퀄리티 나올 자신이 없다면, 또는 본인이 말솜씨가 뛰어나지 않다면 '종합게임채널'은 절대 추천하지 않습니다.
초기에 채널 키우기 정말 힘듭니다. 어느 정도 채널 규모가 커진 후에 '종합게임' 콘텐츠를 진행하는 것이 낫습니다. 이렇게까지 이야기하는 이유는 많은 유튜버들이 첫 시작을 '종합게임' 콘텐츠로 선택하여 성장이 더딘 경우를 많이 보아서입니다.
가급적 채널 초반에는 일단 몇 가지 게임 영상을 찍어보다가 자신에게 잘맞고 유입이 일어날만한, 국내외 채널들을 참고했을 때 조회수가 많이 나오는 게임을 선택하여 한가지 게임으로 쭉 영상을 제작하시는 것을 추천드립니다.

피큐큐 ✓
구독자 11.7만명 · 동영상 1,767개
친근한 동네 형 같은 마성의 매력 삐큐큐 문의 - pqq@sandbox.co.kr

● 〈피큐큐 채널〉

section - 01 게임채널 운영시 참고사항

피큐큐님 같은 경우는 '베인글로리'라는 게임을 첫 번째 게임으로, '제5인격'이란 게임을 두 번째 게임으로 선택하여 채널을 운영하였습니다.
둘 다 시청자 간 멀티플레이가 가능하고 사람들의 연습 정도에 따라 숙련도가 올라가는 게임입니다.
'제5인격'이라는 게임은 '데드 바이 데이라이트'라는 게임의 모바일 이식 버전으로 이미 '데드 바이 데이라이트'란 게임이 유명 스트리머들이 다루었던 주제로 '제5인격' 게임의 유튜브 콘텐츠는 성공 가능성이 높았습니다.

'제5인격' 게임이 오픈하고 많은 유튜버들이 이 게임으로 유튜브 콘텐츠를 제작하였습니다. 처음 신규 게임이 등장하면 사람들은 그 게임의 정보나 팁, 공략들을 찾아봅니다. 당연히 조회수도 많이 나왔습니다. 피큐큐님은 지속적으로 '제5인격'이라는 콘텐츠를 올리셨고 라이브 방송도 여러 번 하면서 영상들을 거의 매일 올리셨습니다. '제5인격' 게임이 인기가 높아짐에 따라 빠른 속도로 구독자수가 증가했습니다. 1만이 안되던 구독자에서 5만까지 거의 수직으로 상승하였던 것으로 기억합니다.
게임채널은 어떤 게임을 선택하느냐가 중요합니다. 이 분이 사람들이 별로 찾지 않는 게임을 하였다면 당시 그렇게 빠른 속도로 구독자를 확보하지 못했을 겁니다.
그리고 어떤 게임이든 특별한 경우를 제외하고는 달이 차고 기우는 것처럼 흥망성쇠의 주기가 있습니다. 지금은 '제5인격' 게임으로 유튜브 채널을 운영하면 구독자가 정체되어 버릴 것입니다. 적절한 타이밍에 킬러 콘텐츠 게임을 교체하는 것도 중요합니다.

아래는 그럼에도 불구하고 '종합게임'채널을 하고 싶다거나 이미 구독자수가 어느 정도 있는 상태에서 '게임'을 어떤 기준으로 선택해야 하는지 궁금하신 분들을 위한 검색 방법입니다.

● **01** 구글 플레이의 게임 매출 순위, 인기 순위입니다.
　　구글 플레이 어플에서 확인할 수 있습니다.

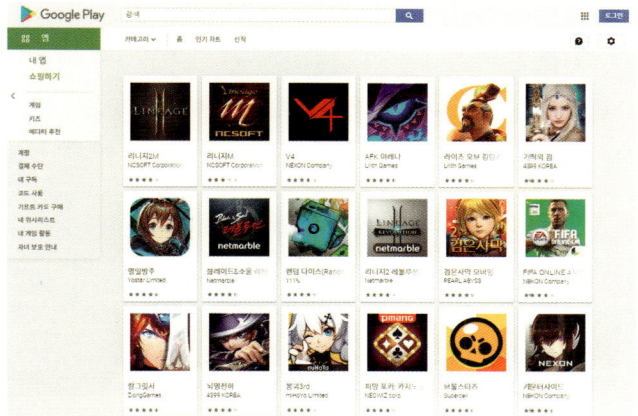

195

PART - 07 콘텐츠 분야별 팁

- **02 게임 커뮤니티 규모 확인**
  네이버 카페가 얼마나 활성화되어 있는지, 규모는 큰 지 확인해 봅니다.
  해당 게임 이름으로 검색합니다.

- **03 게임에 대한 네이버 검색횟수 확인**
  www.searchad.naver.com 네이버 검색광고 사이트에 가입해서 해당 게임을 사람들이 얼마나 많이 검색하는지 확인해 봅니다.

- **04** 국내외 유명 게임유튜버가 어떤 게임을 하는지 수시로 체크하고 확인합니다.

●〈 롤 게임 캐릭터 아리 분장을 한 유튜버 〉

많은 사람들이 평소에 게임을 좋아하니까 내가 좋아하는 게임하면서 돈도 벌어볼까.. 하는 생각으로 쉽게 접근합니다만 정말 재미있게 방송하는 분들이 많은 분야가 게임입니다.
어떻게 해서든 차별화를 주기 위해, 해당 게임에 나오는 캐릭터 분장을 하고 게임을 합니다.

●〈 Operate Now: Hospital 게임 〉

만약 병원에서 수술하는 게임을 하면 의사컨셉을 잡아서 게임을 하는 식입니다.
수술모자와 마스크를 쓰고서요.
이런 스토리를 구상하셔도 될겁니다. '어릴 적 의사가 되길 꿈꿨는데 지금은 평범하게 회사생활 중입니다. 의사가 되고 싶어서 게임으로라도 수술 연습을 하는 사람' 이런 컨셉입니다.
이렇게 게임을 선정한 다음 컨셉과 스토리, 의상을 정하고 방송을 하는 것도 좋을겁니다.
요즘은 많이 보편화된 방법입니다. 의상은 구독자들에 대한 일종의 팬서비스라 보시면 될 것 같습니다.
의상을 직접 만드는 것은 무리이고 아마존같은 해외 사이트에서 저가에 게임 캐릭터 옷을 구매하실 수 있습니다.

꼭 게임채널이 아니더라도 자신이 운영하는 유튜브 채널에 적합한 의상을 갖추는 것이 좋습니다.
반팔티를 입고 부스스한 머리에 너저분한 거실을 배경으로 '부동산 싸게 사는법'에 대해서 영상을 찍는 것과 깔끔하게 정돈된 머리에 흰색 셔츠를 입고 뒤에는 수많은 책들이 꽂혀있는 책장이 보이는 상태에서 영상을 찍는 것은 시청자들의 입장에서 볼 때 차이가 많이 납니다

section 02 썰영상

한 때 썰영상이 유행하기도 했습니다.
썰에 대한 저작권을 주장하기가 어렵고 유튜버들도 영상을 만들 때 이야기를 약간씩 비틉니다.
주인공이 여자라면 남자로, 생일선물 때문에 싸웠다면 식당 선택 때문에 싸웠다고요.
이미 많은 사람들에 의해 검증된 내용을 가지고 영상을 찍습니다.
만약 수익을 위해서라면 이런 자극적인 내용을 만담가처럼 재미있게 풀어내는 것도 좋습니다.
다만 해당 썰 내용을 그대로 가져와서 원작자에게 신고당한 경우를 본 적이 있습니다.
이 썰의 주인공이 누구인지 구분하기 힘들 정도로 최대한 가려야 합니다.

썰채널을 몇 개씩 운영하여 한달에 수천만원을 벌었던 분도 있고 기존 썰에서 탈피해서 공포썰+자신만의 독특한 캐릭터로 썰영상을 찍었던 보라돌이라는 채널도 있었습니다.
어떤 이는 빠르게 국내 썰을 일본어로 번역해 일본 라인썰 채널을 만들기도 하였고요.
처음에는 텍스트를 그대로 롤링 형태로 만들었지만 나중에는 카톡썰 조작기로 만드는 분들이 많아졌습니다.

이 썰영상은 우리나라뿐만 아니라 해외에서도 유행하였습니다.
texting story란 이름으로 해외에서 카톡이 아니라 페이스북 메시지로 만든 영상이었습니다.
테스트해 보기 위해 texting story 제작도구를 구매해 보기도 했습니다. 한번에 1분짜리 영상 밖에 제작되지 않고 하나의 영상을 인코딩하는 동안에 다른 영상을 인코딩할 수 없다는 단점이 있었습니다.
테스트만 해보고 진행은 하지 않았습니다.
한때 썰영상 쉽게 만드는 법이 고가에 거래되기도 했습니다. 재능이란 것이 필요없고 성실성만 있으면 되니까요. 기존에 다른 사람이 만든 검증된 콘텐츠를 사용하니 성공률이 굉장히 높았죠.
썰영상은 검증이 된 쉬운 방식입니다.
만약 원한다면 만담가처럼 이야기를 풀어내는 썰 채널을 운영하시는 것도 좋습니다.
사람들은 이야기에 반응하기 때문입니다.
영상효과 전혀 없이 사람 한명이 카메라 앞에 등장해서 흥미로운 이야기를 하는거죠.

section 03 짜깁기 채널의 최후

2016년도에 처음 수익형 유튜브에 대해 알게 되었습니다. 자신이 영상을 창작하는 게 아니라 타인의 영상이나 이미지를 가지고 재편집하여 수익을 창출하는 방식입니다. 묻지마xx, xx박스, xx스토리,랭킹x, xx스쿨, 플래닛xxx 등등. 이미 많은 조회수를 통해 검증된 재미있는 해외 영상들을 이리저리 조각 내고 짜깁기하고 편집하여 업로드합니다. 10시간 이상 공들여 편집한 유튜버의 영상보다 1시간 내외로 편집한 짜깁기 영상들이 더 많은 수익을 얻곤 했습니다.

만화, 영화, 만화책, 드라마, 해외의 리스티클 영상, 이슈 영상, 유튜브 외 SNS 영상 등 다양한 소스들이 사용됩니다.

우리나라 대다수 영화 유튜버의 특징인데 자신의 의견이나 감상을 더한 리뷰가 아니라 영상 스토리를 압축해서 그대로 올려버립니다. 본인의 독자적인 감상평이나 특별한 의견이 없이 끝부분에 약간 들어가는 경우가 대부분입니다.
재미있는 사실은 사람들이 자기 의견을 더한 영화 리뷰보다 영화 내용 그대로 재미있게 편집해주는 영화 리뷰를 더 좋아한다는 것입니다.

현재는 2016년부터 주기적으로 눈팅하던 짜깁기 채널들 중 일부를 제외하고는 대부분 수익창출 정지 또는 계정 삭제 처리되었습니다. 장기적으로 유튜브를 운영할 계획이라면 짜깁기는 하지 않는 것을 권해드립니다. 공정이용의 범위 안에서 영상을 인용하십시오. '유튜브 읽어주는 남자' 채널을 참고하시면 어떻게 타인의 영상을 공정이용 범위 안에서 사용가능한지 확인하실 수 있습니다.

section 04 해외 채널 운영하기

대형 키즈채널이 한 달에도 억 단위의 돈을 번다는 이야기가 있습니다. 유튜브 광고수익은 영상이 올려진 채널과 광고를 보는 국가에 따라 천차만별입니다. 우리나라가 대략적으로 1조회 당 1~2원를 받는다면 미국이나 유럽의 경우 10분 이상 영상에 광고를 많이 집어넣을 경우 1조회 당 14원까지 광고비를 받습니다. 많은 광고비를 원한다면 해외 채널 운영도 고려해볼 만합니다. 단, 외국어를 못한다면 외국어가 필요없는 키즈 장난감 영상, 요리 영상, 실험 영상, 음악 영상 등을 선택하는 방법이 있습니다.

만약 전업 유튜버를 꿈꾼다면 외국어를 배우는 것이 좋습니다. 영어 자막을 포함한 우리나라 뷰티 영상들이 해외에서 많이 조회됩니다.

영국남자 채널이 한국인에게 자부심을 고취시켜주는 내용으로 구성된 것처럼 우리도 해외의 문화에 대해 리뷰하는 형태의 채널을 운영할 수 있습니다. 현재 동남아권에서는 우리나라의 영국남자 채널처럼 해외 문화에 대해 긍정적인 의견을 표하고 이를 통해 구독자를 늘려나가는 채널이 다수 존재합니다. 대표적으로 한국뚱뚱이란 인플루언서는 중국인들을 대상으로 영상을 찍는데 주로 문화의 차이를 이용한 한국인만이 찍을 수 있는 콘텐츠를 제작합니다.

중국의 어떤 사건을 나는 어떻게 생각하는지, 중국 문화에 대한 내 생각 등을 주제로 삼고 있습니다. 만약 베트남인을 대상으로 한국인으로서 콘텐츠를 만든다면 다음과 같은 소재로 영상을 제작할 수 있습니다.

- **01** 베트남 쌀국수를 처음 먹어 본 한국인들의 반응
- **02** 베트남 컵라면을 처음 먹어 본 한국인들의 반응
- **03** 요즘 유행하는 드라마에 대한 한국인의 생각
- **04** 베트남 아이스크림을 처음 먹어 본 한국인의 반응
- **05** 베트남 길거리 음식에 깜놀한 한국인 아저씨
- **06** 한국에는 없는 xx에 감동받은 한국 청년
- **07** 베트남 놀이공원을 처음 가 본 한국 청년
- **08** 베트남 월남쌀을 처음 만들어 본 한국 청년
- **09** 한국인이 생각하는 베트남 축구 순위

이미 국내에서 활동하고 있는 영국남자 채널의 영상 제목을 응용해 만들어 보았습니다. 베트남 사람이라면 클릭해 보고 싶어할 만한 영상입니다. 베트남 사람들이 좋아할 수 있는 주제를 선택하고 이러한 영상을 주 4회 업로드한다면 성공 가능성이 굉장히 높을 것입니다.

section 05 식품 리뷰

예전의 식품 리뷰는 다음과 같은 형태였습니다. 상품 패키지에 나온 설명을 읽어 보고 음식에 얽힌 이야기를 하며 맛을 보고 설명합니다. 5분 가량의 영상 중 실제 맛을 설명하는 시간은 20초가 채 안됩니다. 대부분 위와 같은 형식으로 리뷰를 진행하는 유튜버가 많았습니다.

네이버에 오무라이스 잼잼이란 웹툰이 있습니다. 이 만화에서 음식에 대해 풀어나가는 방식을 참고하셔도 좋을겁니다. 또는 '고독한 미식가' 같은 일본 드라마 등 음식리뷰나 먹방은 유튜버 외에도 다양한 콘텐츠에서 아이디어를 얻으실 수 있습니다.

예전에는 일부 아프리카 BJ들이 한끼 식사하는 모습을 콘텐츠로 만들었다면 갑자기 누가누가 더 많이 먹나 대결로 바뀌어서 많이 먹는 유튜버들에 사람들이 주목하기 시작했습니다. 하지만 많이 먹을 수 있는 능력은 일부만 갖고 있는 능력이고, 대부분 음식을 먹으며 소통하거나 관련 이야기를 풀어놓는 식의 콘텐츠가 소화 가능하실 겁니다.

section 06 콘텐츠의 세분화, 구체화

먹방을 한다고 다같은 먹방이 아닙니다. ASMR 채널도 다 같은 ASMR 채널이 아닙니다.
예를 들어보겠습니다.

저희 동네 아파트 근처에는 영어학원이 5개나 있습니다.
그것도 한 건물에 서로 다른 영어학원이 5개가 있습니다.
' 나쁜 건물주. 똑같은 영어학원 5곳을 한 건물에 몰아넣다니.'
건물주는 악마입니다. 그런데? 망할줄 알았던 영어학원들이 6개월이나 지났는데 다들 안망하고 고만고만하게 운영되고 있네요. 이유가 뭘까요? 이유는 다음과 같습니다.

첫번째 영어학원은 성인대상 회화학원입니다. 잘생긴 원어민강사가 회화를 가르치기 때문에 젊은 여성분들 수강생들이 굉장히 많네요.

두번째 영어학원은 토익학원입니다. 이 학원은 토익 500점 미만도 1달이면 800점까지 올린다고 소문났어요. 토익 배우려는 학생들이 엄청 많네요

세번째 영어학원은 어린이 대상 영어 태권도 학원이네요. 오잉... 그냥 영어학원이 아니라 태권도까지 가르쳐요. 그리고 학생들은 대부분 초등학생들이네요. 초등학생 대상 영어 태권도 학원이네요

네번째 영어학원은 일반 중고생 대상 영어학원이네요. 수능 준비하는 학생들이 다니는 영어학원이죠. 당연히 수강생 대부분 중고생들입니다.

다섯번째 영어학원은 무역영어만 가르치는 곳이네요. 인천에는 무역영어만 전문적으로 가르치는 곳이 없었는데 이 학원이 무역영어 제대로 가르친다고 소문나서 무역 분야로 취직하려는 사람들이 수강생으로 엄청 많데요.

방금 말씀드린 사례가 세분화입니다. 이번에는 옷을 예로 들어보겠습니다.

> ▶ 세분화의 예 (옷)
> 옷 ▶ 여성복 ▶ 여름옷 ▶ 여름치마 ▶ 단정한 무늬의 여성치마 ▶ 단정한 무늬의 짧은 여성치마

section - 06 콘텐츠의 세분화, 구체화

이번에는 식당입니다.

> ▶ **세분화의 예 (식당)**
>
> 식당 ▶ 고깃집 ▶ 무한리필 ▶ 떡갈비 무한리필 ▶ 여대생 취향의 쫙쫙 늘어나는 치즈 떡갈비 무한리필

감이 잡히시나요. 먹방 콘텐츠도 나눠보겠습니다.

> ▶ **세분화의 예 (먹방 콘텐츠)**
>
> ▶ 많이 먹는다. vs 적당히 먹는다.
> ▶ 깔끔하게 먹는다. vs 게걸스럽게 먹는다.
> ▶ 집에서 찍는다. vs 밖에서 찍는다.
> ▶ 비싼거 먹는다. vs 싼거 먹는다.
> ▶ 혼자 먹기 좋은 1인용 식품 vs 커플들이 데이트하면서 먹을 수 있는 음식 vs 주부들 가족 밥먹일 반찬 vs 신제품 vs 편의점
> ▶ 시청자는 여성 vs 남성 vs 아이들 vs 주부들 vs 혼자 사는 사람들.
> ▶ 욕설이나 B급 단어 vs 정돈된 언어 선택

매운 맛 좋아하는 사람을 위한 채널, 기존 음식에 소스 추가해서 맵게 먹기, 떡볶이 로드, 김밥천국 로드, 무한리필 로드, 맛있게 요리해서 엄마랑 같이 먹는 먹방.
편의점 음식만 리뷰하고 해당월의 편의점 행사 쫙 정리해주는 채널.
건강한 것만 먹기. 아니면 딱 우리 동네에 있는 변화가 식당만 리뷰하기.

그리고 본인의 컨셉도 잘잡아야 합니다. 만화나 영화 속의 캐릭터를 참고하거나 기존 유튜버의 캐릭터에 무언가 더해서 만드는 것도 좋습니다. 말투같은 것들을 참고하십시오.
차별화, 세분화, 컨셉 다 중요합니다. 제대로 된 컨셉없이 유튜브하면 필패입니다.
내가 먹방을 한다면 시청자들이 홍스사운드, 밴쯔, 도로시, 참피디 영상 안보고 내 영상을 볼 만한 이유가 있어야 합니다.
처음에 컨셉을 잡고 특정 소재 중심으로 영상을 찍은 다음에 충성 팬층이 만들어지면 그때부터 차근차근 소재의 폭을 넓혀가는 방법도 있습니다.

PART - 07 콘텐츠 분야별 팁

사람을 가장 행복하게 해주는 요소 중의 하나가 음식입니다. 다른 사람과 음식을 나누는 것은 행복한 일입니다. 그러니 먹방은 사라질 수 없습니다.
사람들 누구나 마음만 먹으면 최소한 하루에 세번은 행복해질 수 있습니다.
아침, 점심, 저녁 매끼니마다 내가 좋아하는 맛있는 음식을 선택할 수 있다면 말이죠.
배고파서 먹는 게 아니라 행복해지기 위해서 먹습니다.

지역의 세분화에 대해서도 다시 말씀드립니다. 제가 사는 동네가 수유리인데 수유리에 있는 식당만 리뷰한다면 어떨까요? 딱 그 지역 식당들만 리뷰하면 지역업체를 홍보하기도 편할겁니다.
유튜브 채널 '수유리 맛집' 인증 맛집 ' 수유리 식당 맛집 리스트가 궁금하시면 이 채널 와 주세요'
이런 문구를 넣어서 오프라인 홍보도 가능합니다.
말만 잘하면 유튜브 영상 홍보 외에 전단지, 페북 광고 등을 붙여서 지역 업체 홍보 채널로 운영할 수도 있고요.

section 07 골목식당 콘텐츠 초반에 사용하는법

● 〈 백종원의 골목식당 〉

2020년 상반기 기준 구독자 수 100명 이하 작은 채널이라도 골목식당에 출현한 식당 영상을 촬영하면 보통 1,000~5,000 정도의 조회수는 쉽게 얻어낼 수 있 습니다. 유튜브에 백종원의 골목식당에 출현한 식당의 먹방 영상만 찾아보는 시청자 집단이 생겼기 때문입니다. 우선 조회수와 구독자를 얻기 위해 브이로그나 먹방을 찍는 분이라면 방송에 나오거나 이슈가 있는 식당을 우선 찾아가길 권해드립니다. 영상의 구조는 다음과 같습니다.

> ▶ 골목식당 방송에 나왔던 식당과 음식에 대한 이야기
> ▶ 사장님과의 인터뷰(가능하다면) ▶ 먹방 ▶ 리뷰 ▶ 다른 식사하신 분들과의 인터뷰 ▶ 정리

PART - 07 콘텐츠 분야별 팁

백종원의 골목식당에 나왔던 식당들을 모두 한바퀴 돌고.. 그 다음은 수요미식회에 나온 식당, 푸드트럭 방송에 나온 푸드트럭, 삼대천왕에 나온 식당, 백종원 만남의 광장에 나온 휴게소 등 백종원 방송 맛집만 촬영 소재로 이어가는 거죠.

동네식당에서 찍은 먹방 영상을 사람들에게 소비시키려면 내 외모가 엄청나게 뛰어나거나, 말을 잘하거나, 유명하거나 독특한 무언가 있어야 합니다. 나를 보기 위해 영상을 보는 사람들이 있어야 합니다.
하지만 초보 유튜버에게는 불가능한 일입니다. 대신 사람들이 알고 있는 유명 식당의 영상을 찍는다면, 사람들이 자신들도 아는 곳이기 때문에 영상을 봐주게 됩니다.

음악채널로 유명한 J.fla가 만약 사람들이 잘 알지 못하는 인지도가 떨어지는 노래를 불렀어도
지금처럼 구독자가 많았을까요? 전 아니라고 봅니다. 해외에서도 유명한 히트곡들을 불렀기 때문이죠.
많은 사람들이 알고 있는 노래를 불렀기 때문에 그렇게 영상이 폭발적으로 확산되었다고 봅니다.
만약 브이로그나 먹방 콘텐츠를 찍으신다면 지금 회자되고 있는 골목식당에 출현한 식당 영상을 찍기를 권해드립니다.
그렇다고 평범하게 영상을 찍어 올리시면 사람들이 영상만 보고 구독하지 않습니다.

밑빠진 독처럼 조회수는 올라가는데 정말정말 적은 확률로 사람들이 내 채널을 구독하게 됩니다. 그분들은 나에게 관심있는 사람들이 아니라 백종원과 방송에 출연했던 시장에 관심이 있는 사람이고 네이버에서 검색하듯 원하는 콘텐츠를 보고는 그냥 빠져나가는 겁니다. 그래서 영상에 나의 캐릭터가 충분히 드러나거나 차별화 요소가 없다면 밑빠진 독처럼 조회수만 늘어나고 구독자는 드물게 늘어나게 됩니다. 정말 매력없는 분이 스마트폰으로 대충 찍어 올려도 방송 타이밍만 적절하다면 수천의 조회수를 올릴 수 있는게 인지도 있고, 이슈있는 소재를 다룰 경우입니다.

높은 조회수에 만족하지 마시고 영상을 본 시청자들을 구독자로 전환시킬 무언가를 만들어야 됩니다.
영상 안에 나만의 차별점을 녹여내야 합니다. 옷차림, 맛의 표현, 배경음, 로고, 캐릭터, 나의 말투, 내가 쓰는 단어, 예상치 못한 영상 속의 장치, 나의 외모나 분장, 영상의 구조 등 그 사람에게 내가 찍은 다른 골목식당 영상들도 보고 싶다는 마음이 들게 해야 합니다.

유튜브 어뷰징

유튜브 생존 가이드

---

1. 유튜브 어뷰징　　　　　　　　　　p210

2. 유튜브 채널매매시 고려사항　　　　p213

유튜브 생존 가이드

다음 파트

자동재생

유튜브 광고
 유튜브 생존 가이드

p214

내 영상 분석하기
 유튜브 생존 가이드

p222

유튜버의 수익모델
 유튜브 생존 가이드

p230

부록
 유튜브 생존 가이드

p240

08 유튜브 어뷰징

section 유튜브 어뷰징

유튜브 영상 공모전 등을 진행할 때 '조회수'와 '좋아요'를 점수에 포함시키는 경우 어뷰징을 진행하는 경우가 있다고 합니다.
아래는 해외 유튜브 어뷰징 사이트의 단가표입니다.
구독자 1,000명에 92달러, 조회수 1만회에 61달러, 좋아요 100건당 21달러로 생각보다 비싸지 않습니다. 이런 사이트를 이용해 어뷰징을 하는 경우가 있다고 하니 공모전을 준비하시는 분들은 참고바랍니다.

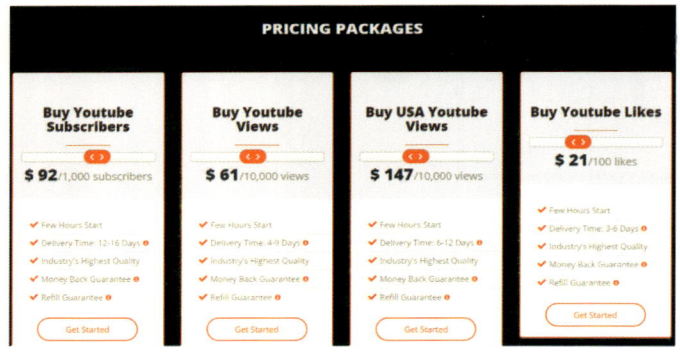

● 〈 getfans.io 사이트의 어뷰징 단가표 〉

구글에서 'youtube subscrivers buy' 등으로 검색하시면 이런 유튜브 어뷰징 사이트 수십 곳을 찾을 수 있습니다.

우리나라에서도 '크몽'이나 '오투잡' 등에서 이러한 유튜브 어뷰징 서비스를 진행하는 분들을 쉽게 볼 수 있습니다. 대부분 실행사라고 하시지만 국내에 유튜브 어뷰징 실행사는 없다고 보시면 됩니다.
해외 어뷰징 사이트의 서비스를 구매하여 진행합니다.
이런 어뷰징으로는 구독자 1,000명 만들고 시청시간 채워봐야 수익창출 승인이 어려우니 주의하시기 바랍니다.

section - 01 유튜브 어뷰징

그 외 유튜브 채널을 사고 팔기도 합니다. 우리나라에서는 중고나라나 네이버에 있는 유튜브 카페 등에서 채널매매가 이루어지고 있습니다. 가격은 상당히 비싼 편입니다.
해외에서는 유튜브 채널을 사고 파는 것이 활성화되어 있습니다. 해외의 채널 매매 중계 플랫폼은 https://accs-market.com, https://fameswap.com, www.playerup.com 등이 있습니다.
이슈나 짜깁기 채널을 하실 분들이 아니라면 구매는 절대 비추천드립니다. 특히 구독자가 많아봐야 채널의 콘텐츠가 바뀌거나 출연자가 바뀌어버리면 시청자 반응도 폭락하고 조회수도 같이 폭락합니다. 구독자수가 우수수 떨어지는 건 덤입니다. 오히려 하고자 하는 특정 주제와 채널 구독자층이 안맞는다면 문제가 생깁니다.

베트남 게임 채널을 구매했을 때를 예로 들어보겠습니다. 채널 구독자는 동남아시아의 10~20대의 게임을 좋아하는 분들인데 갑자기 한국사람이 등장해서 한국말을 하면서 시사뉴스에 대한 이야기를 해버리면 절대 다수가 영상을 30초도 봐주지 않을겁니다. 시청지속률 하락과 함께 영상의 추천에도 문제가 생겨버립니다.

아래 해외 사이트의 채널판매 페이지를 올려드립니다.

● 〈 playerup.com의 채널 판매 리스트 〉

사이트를 살펴보면 monetization과 strike란 검색조건이 있는데요. monetization은 수익창출, strike는 경고 여부입니다.

해외 거래이니 문제가 생겨도 법적으로 해결하기 힘들고 구매 후에 판매자가 회수해가버릴 가능성도 있습니다. 이런 게 있구나 하는 정도만 알아두시면 좋을 것 같습니다.

유튜브 채널 매매가 불법인지 합법인지 궁금해하는 분들이 있을 것입니다.
이에 대해 외국에서 한 유저가 질문하고 답변받은 내용을 올려 봅니다. 이 이미지가 공식적인 유튜브의 대답이라고는 할 수 없고 캡쳐 이미지라 100% 신뢰할 수 없다는 것을 먼저 말씀드립니다.

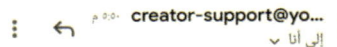

위 링크의 유튜브 영상에서 확인가능한 답변 이미지입니다. 법적인 문제는 없다라는 이야기인데요.
구글이나 유튜브에서 'sold youtube channel'로 검색하시면 100만 이상의 대형 유튜브 채널의 매매사례도 확인하실 수 있습니다.

section 02 유튜브 채널 매매시 고려사항

● 01 기존 영상을 삭제할지 유지할지

기존 영상을 삭제하면 해당 영상의 조회수가 0이 됩니다.
영상 100개, 총 조회수 2000만짜리 채널 구매 후 영상 100개 다 날려버리면 조회수가 0이 됩니다. 주의하세요. 조회수가 0이 되더라도 바로 수익승인이 풀리지는 않습니다.

● 02 브랜드 계정 관리자를 넘기는 방식입니다.

● 03 시세

매물 자체가 드물기는 합니다. 구독자 수보다 수익창출 승인 여부가 더 중요합니다.
구독자 1만명 채널이라도 수익창출 승인이 안났다면 가치가 거의 없습니다.
보통 저작권 위반 위험이 있는 콘텐츠를 제작하시는 분들이 구매고객이며 일반 콘텐츠를 하시는 분들은 채널을 구매할 필요가 없습니다.

● 04 채널 구매가 소용없는 이유

몇몇 미디어기업에서 구독자가 많은 채널을 구매하거나 동남아지역 구독자를 돈을 주고 구매해서 낭폐를 겪은 일이 있습니다. 일단 초기 구독자에게 좋은 반응을 얻지 못하면 영상 자체가 퍼지지 못합니다. 구독자는 수십만인데 조회수가 몇백~몇천회에 그치는 경우가 발생하였습니다.

● 05 유튜브 매매 불법 여부

브랜드 계정같은 경우 채널 소유권을 넘기기도 합니다.

● 06 애드센스 계정도 미리 준비하셔야 합니다.
한 애드센스 계정에 여러 유튜브 채널 연동이 가능합니다.

YouTube | 유튜브 광고 | 🔍

09

유튜브 생존 가이드

p214

유튜브 광고
유튜브 생존 가이드 ✓

1. 유튜브 광고효과 　　　　　　　　　p216
2. 페이스북 광고 무료 교육 사이트 　　p219
3. 커뮤니티 홍보방법 　　　　　　　　p220

유튜브 생존 가이드

다음 파트   자동재생

| 10 p222 | **내 영상 분석하기** 유튜브 생존 가이드 |

| 11 p230 | **유튜버의 수익모델** 유튜브 생존 가이드 |

부록
유튜브 생존 가이드

| 01 p008 | **유튜브 트렌드** 유튜브 생존 가이드 |

다시보기

09 유튜브 광고

section 01 유튜브 광고 효과

유튜브에 괜찮은 콘텐츠가 어느 정도 쌓인다면 광고를 해보시는 것도 좋습니다.
유튜브 광고를 한다고 드라마틱한 효과가 있는 건 아닙니다.
마법같은 광고는 힘들지만 투자개념의 광고는 가능합니다.
어~ 10만원 썼는데 1,000명 구독자 늘었네. 100만원 쓰면 1만명이 늘어날까? 이런 식의 계산입니다.
광고를 한다면 유튜브 광고와 페이스북 광고를 번갈아가면서 하는 것이 효율적입니다.

●〈페이스북 블루프린트 사이트〉

페이스북 광고 같은 경우는 페이스북 블루프린트 사이트 (www.facebook.com/blueprint)에서 무료로 광고하는 법에 대한 온라인 강의를 수강하실 수 있습니다. 강의를 보신 후 1만원 내외의 예산으로 여러 번 광고를 집행해 보면 광고에 대한 감을 잡을 수 있습니다.

유튜브를 하실 때 제일 어려운 구간이 1,000명까지 달성하는 구간입니다.

채널 초기에는 워낙 노출 확률이 낮기 때문에 운이 없다면 1,000명까지 확보하는데도 몇 달이 걸릴 수도 있습니다. 영상이 재밌어도 유튜브 알고리즘이 좋은 영상이라고 단단할 수 있는 최소 조회수를 얻을 수 없기 때문입니다.
내 유튜브 영상을 광고함으로써 더 많은 시청자들에게 내 영상을 노출시키고 그 결과를 유튜브 알고리즘이 확인할 수 있도록 해야 합니다.
광고를 한다고 구독자가 무조건 많이 늘어나지 않습니다.
재미없으면 효율 꽝입니다. 재미가 있거나 시청자가 볼 만한 영상이어야 구독도 하고 다른 영상 다음에 추천되기도 합니다.
네이버 광고같은 경우는 너무 비싸서 단가가 맞지 않습니다. 보통 구글(유튜브) 광고비용이 적게 들어가는 국가를 대상으로 콘텐츠를 만들고 광고를 진행하신다면 적은 비용으로도 수익창출 조건을 맞추실 수 있습니다.

구글 광고 방법이 궁금하신 분들은 '매출을 높이는 실전 구글 광고 마케팅'이란 책을 봐주세요. 그리고 페이스북 광고가 일반적으로 구글 광고보다 비용대비 더 효과가 즐거든요. 페이스북 광고로 유튜브 영상을 홍보하고 싶다면 '디지털 마케팅과 페이스북 광고'란 책으로 페이스북 광고에 대한 추가 지식을 쌓아주세요.

● 매출을 높이는 실전 구글 광고 마케팅

● 디지털 마케팅과 페이스북 광고

유료로 돈을 써가며 하는 광고가 있는 반면에 무료로도 광고를 진행할 수 있습니다.
내 시간을 사용하면 됩니다.
본인이 운영하는 블로그, 관련 네이버 카페, 페이스북 그룹, 관련 커뮤니티 사이트에 홍보합니다.
이 때 링크만 남기시는 게 아니라 마치 정보를 공유하고 싶어서 퍼온 것처럼 위장하는 것이 효과적입니다.
만약 자주 영상을 홍보해야 되는 상황이라면 정보 부분을 좀더 추가하여 영상과 함께 업로드하십시오.
외부 유입된 시청자들은 시청 지속시간이 적지만 외부유입에 따른 유튜브 알고리즘 가점이 더 크다고 합니다.

PART - 09 유튜브 광고

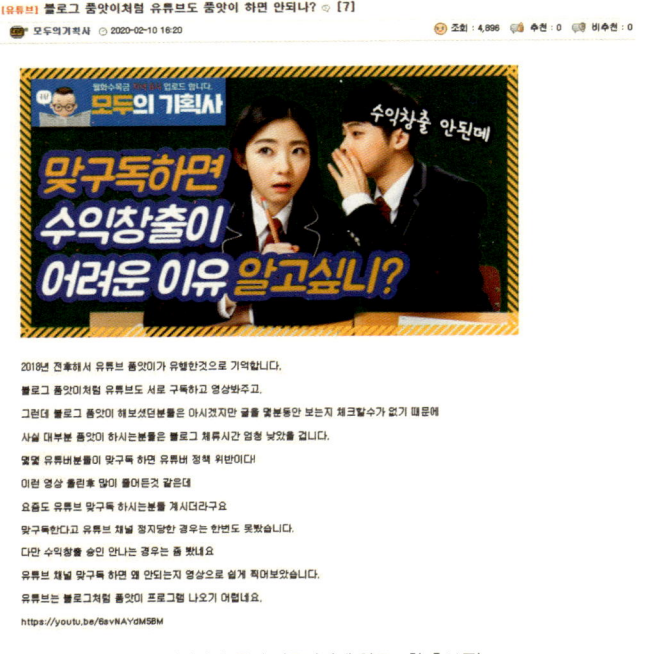

● 〈필자가 특정 커뮤니티에 업로드한 홍보글〉

글 조회수는 4,800건 정도이지만 실제 영상 조회수는 10%가 채 안될 겁니다.
돈을 전혀 안쓰고 정확한 타겟 커뮤니티에 영상을 홍보할 수 있다는 점에서 이러한 퍼트리기 식의 홍보를 추천드립니다.

section 02 페이스북 광고 무료 교육 사이트

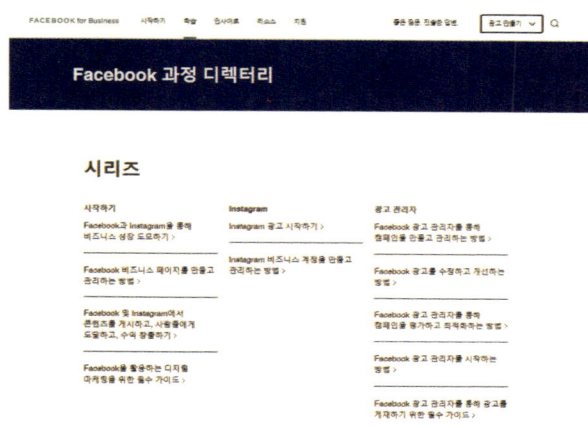

● 〈 페이스북 광고 무료 교육 사이트 〉

페이스북에서 공식적으로 운영하는 페이스북 교육 사이트입니다. 페이스북 교육 사이트의 주소는 다음과 같습니다. https://www.facebook.com/blueprint 마케팅 회사에서도 신입직원부터 우선 이 사이트의 교육과정을 수강하라고 할 정도로 실무적으로도 도움되는 내용들로 구성되어 있습니다.

페이스북 광고에서 현재 사용할 수 있는 온라인 광고는 가장 저렴한 비용으로 높은 효과를 얻을 수 있습니다. 나중에 시간을 내서 꼭 전 교육과정을 모두 들어보시기 바랍니다.
유튜브 채널을 홍보하는 목적 외에 내가 알리고 싶은 상품이나 서비스, 메시지가 있다면 이 페이스북 광고를 통해 저렴한 비용으로 알리고 싶은 내용을 널리 홍보할 수 있습니다.

필자의 경우 영상 1번 조회당 0.1원 정도의 말도 안되는 저렴한 가격에 페이스북 광고를 진행해 본 적이 있습니다. 현재는 페이스북 광고를 진행하는 분들이 많아져서 경쟁에 의해 가격이 상당히 많이 올랐습니다. 하지만 유튜브에서 기본적으로 사용가능한 동영상 광고나 1번 조회당 10원을 훌쩍 넘기는 것에 비해 저렴한 비용으로 유튜브 채널을 홍보하실 수 있습니다.

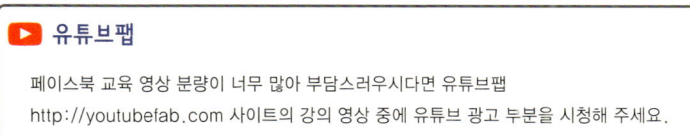

PART - 09 유튜브 광고

section 03 커뮤니티 홍보방법

초반에 내 채널에 유입이 없을 때 인위적으로 유입을 늘리는 방법입니다. 굳이 유료 광고로 돈쓰기 싫다면 이 방법을 추천드립니다. 네이버 카페, 네이버 밴드, 페이스북 그룹, 카카오톡 오픈채팅방, 개별 커뮤니티 사이트 등 홍보할 곳은 참 많습니다.

만약 내가 '낚시' 콘텐츠의 유튜버라면 낚시 관련된 커뮤니티에 모두 가입한 후 정보글을 올린다는 마음으로 글을 씁니다.

● 〈 네이버의 낚시 카페들 〉

● 〈 페이스북의 낚시 그룹들 〉

● 〈 카카오톡 오픈채팅의 낚시 채팅방들 〉

맘 먹고 홍보한다면 글 올릴 곳은 정말 많습니다.
링크만 올리고 사라지지 말고, 한강에서 자주 장어낚시한다고 본인을 소개하던지, 영상에 나온 낚시 팁에 대한 추가정보를 간략히 적는다는지 해서 글을 작성하고 댓글에도 성실히 응답해줍니다.
쓸데없이 유튜브 커뮤니티에서 본인 유튜브 홍보하시는 분들이 있는데 아주 비효율적입니다.
가방파는 분이 가방파는 분들이 모인 곳에 가서 홍보하는 격입니다. 모두가 판매자인데 내 가방이 팔리겠습니까?

기존에 운영하고 계신 틱톡이나 블로그, 페이스북, 인스타그램 등이 있다면 같이 활용 가능합니다.

홍보글을 올리다 보면 욕을 먹는 경우가 있습니다. 욕을 먹는다고 하더라도 금전적인 손해나 육체적인 피해가 가지는 않습니다. 나중에 유튜브 채널이 어느 정도 성장하면 악플은 꼭 하나씩 끼어있을 겁니다. 내가 올린 홍보글에 문제가 없는지 확인하고 문제가 없다면 계속 올리십시오.

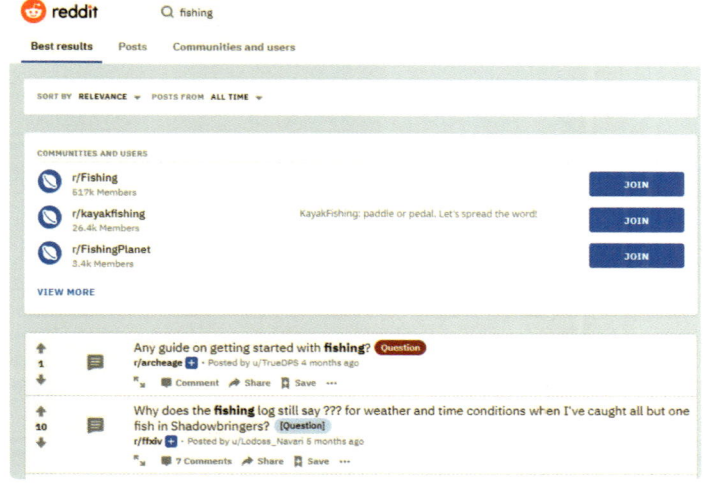

● 〈 www.reddit.com 〉

해외 시청자를 노리는 경우도 www.reddit.com 같은 사이트를 이용하시면 구독자가 없는 초반에도 몇 백 정도의 조회수는 올리실 수 있습니다.
최소한 아무 것도 안하고 영상이 많이 보여지길 기대하는 것보다는 낫습니다. 유튜브 알고리즘은 완벽하지 않아서 재미있는 영상이라도 영상이 확산되는데 몇 달이 걸릴 수도 있습니다. 유튜브 알고리즘이 영상를 판단할 최소한의 조회수를 만들어주는 작업이라고 보시면 될 것 같습니다.

YouTube 내 영상 분석하기

10 유튜브 생존 가이드 p222

내 영상 분석하기
유튜브 생존 가이드

---

1. 유튜브 스튜디오 사용법　　　　　　　　p224

유튜브 생존 가이드

다음 파트   자동재생 ⬤

유튜버의 수익모델
▶ 유튜브 생존 가이드 ✓

11 p230

부록
▶ 유튜브 생존 가이드 ✓

부록 p240

유튜브 트렌드
▶ 유튜브 생존 가이드 ✓

01 p008

[다시보기]

시간을 절약하는 촬영과 편집
▶ 유튜브 생존 가이드 ✓

02 p040

[다시보기]

PART - 10 유튜브 스튜디오 영상 분석법

10 유튜브 스튜디오 영상 분석법

section 01 유튜브 스튜디오 분석법

유튜브 스튜디오에서 동영상을 클릭한 후 영상 우측의 분석 아이콘을 눌러줍니다.

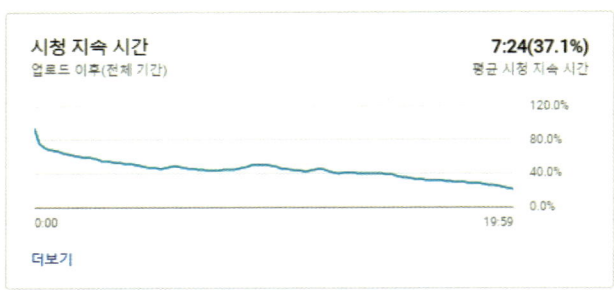

시청 지속 시간 화면의 '더보기'를 누르면 내 영상의 어느 부분이 문제가 있는지 파악할 수 있습니다. 초반 15초까지 구간에서 급격하게 시청자가 이탈하는 것은 정상입니다.
그런데 그래프에서 갑자기 확 꺾이는 구간이 있다면 그게 어떤 부분 때문인지 파악해야 합니다.
문제점은 다음 영상에서 개선하면 됩니다. 그래프가 올라간 건 사람들이 그 부분에서 다시 영상을 반복적으로 시청했기 때문입니다. 정보성 영상에서 흔히 볼 수 있는 현상입니다.

section - 01 유튜브 스튜디오 분석법

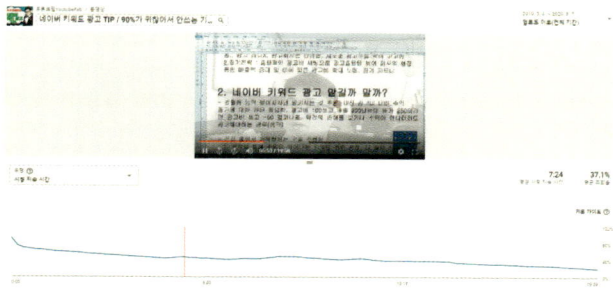

'더보기'를 클릭했을 때의 화면입니다. 그래프의 임의의 구간을 클릭하면 영상의 어떤 부분 때문에 그래프가 그러한 변화를 나타냈는지 확인하실 수 있습니다.

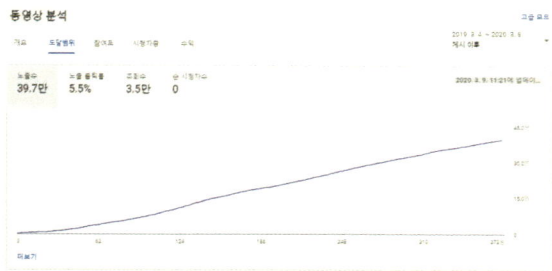

'동영상 분석' 페이지입니다. '노출수'는 내 영상의 섬네일이 시청자에게 보여진 횟수입니다.

위 이미지처럼 섬네일이 한번 보여진 것을 노출수 1회로 잡습니다.
노출클릭율은 섬네일을 본 사람 중 몇%가 이 영상을 클릭했는지를 알려줍니다.
위 영상은 5.5%의 노출클릭율로서 섬네일을 본 100명 중 5.5명이 이 영상을 클릭했다는 것을 알 수 있습니다.
높은 수치는 아니기 때문에 섬네일의 개선이 필요합니다.

225

PART - 10 유튜브 스튜디오 영상 분석법

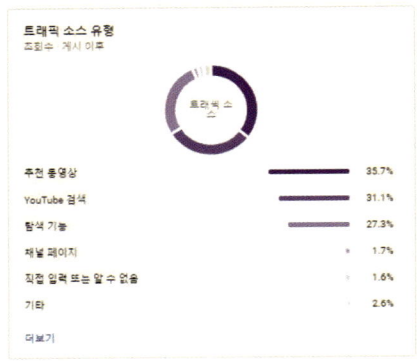

다음은 트래픽 소스 유형입니다. 사람들이 어떤 경로로 내 영상을 클릭했는지 확인하실 수 있습니다. 각 트래픽 유형별 설명은 다음과 같습니다.

▶️ **트래픽 유형별 설명**

▶ 추천 동영상 : 추천에서 발생한 조회수입니다.
　　　　　　추천은 다른 동영상과 함께 표시되거나 다른 동영상이 재생된 후에 표시됩니다.

▶ Youtube 검색 : 내 콘텐츠를 찾기 위해 시청자가 YouTube에서 사용한 검색어입니다.

▶ 탐색기능 : 홈페이지, 홈 화면, 구독 피드, 기타 탐색 기능에서 발생한 트래픽입니다.

▶ 채널페이지 : 자신의 YouTube 채널 페이지, 다른 YouTube 채널 페이지 또는 주제 채널 페이지에서 발생한 트래픽입니다.

▶ 직접 입력 또는 알 수 없음 : URL 직접 입력, 북마크, 미확인 앱에서 발생한 트래픽입니다.

'더보기'란을 누르시면 좀 더 상세한 트래픽 소스를 확인하실 수 있습니다.

section - 01 유튜브 스튜디오 분석법

트래픽 소스별 노출수, 노출 클릭율, 평균 시청 지속시간 등을 확인하실 수 있습니다.
트래픽 소스 중에서 '추천 동영상'이 가장 중요합니다. '유튜브 알고리즘이'이 작동하여 특정 영상 다음에 내 영상이 추천되는 것이 '추천 동영상' 입니다. 이 '추천 동영상' 비율이 올라갈 때 그 영상은 떡상합니다.

'트래픽 소스 : Youtube검색'에서는 사람들이 유튜브에서 어떤 단어를 검색해서 이 영상을 시청했는지 확인하실 수 있습니다.

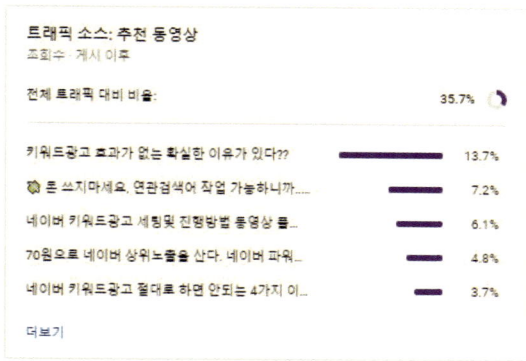

'트래픽 소스 : 추천 동영상'에서는 어떤 영상 다음에 내 영상이 추천되어 시청자들이 보았는지 확인하실 수 있습니다.

PART - 10 유튜브 스튜디오 영상 분석법

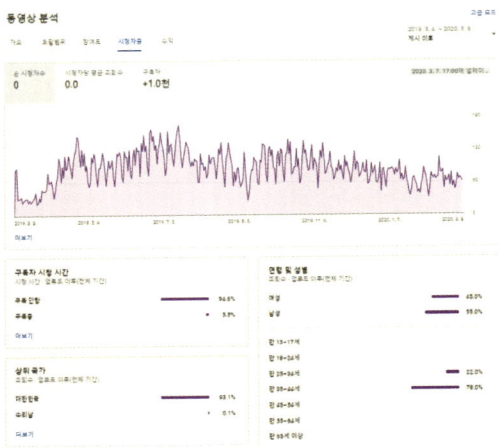

위 페이지는 동영상 분석의 시청자층 페이지입니다. 여기서는 이 영상을 본 다음 구독버튼을 누른 사람이 몇 명인지 확인하실 수 있습니다.
'구독자 시청 시간'에서는 이 영상을 본 사람 중 구독자 비율이 몇%나 되는지 확인 가능합니다.
'상위 국가'에서는 영상을 어느 나라에서 주로 보는지 확인하실 수가 있고 '연령 및 성별'에서는 이 영상을 본 사람의 성별과 나이대별 비율을 확인해 보실 수 있습니다. 이 영상같은 경우는 20~40대가 주 시청자였다는 것을 확인하실 수 있습니다. 따라서 말하는 방식도 이 시청자들의 나이대에 맞추면 됩니다.

유튜브 스튜디오의 방대한 수치 중에서 꼭 체크하실 것은 4가지입니다.

첫 번째. 노출클릭율
내가 섬네일을 제대로 만들고 있는지 파악할 수 있습니다. 수치가 낮다면 섬네일에 좀 더 신경을 쓰십시오.

두 번째. 시청 지속시간과 그래프
시청자들이 내 영상의 어떤 부분에서 영상을 빠져나가는지 확인하실 수 있습니다. 늘어지는 부분, 불필요한 부분들을 체크하시고 다음 영상에서 반영하십시오.

세 번째. 조회수와 획득 구독자
내 영상 조회수 당 몇 명의 구독자가 늘어났는지 확인해 보실 수 있습니다. 예시의 영상 같은 경우는 3.5만 조회수에 1천명의 구독자가 생겼습니다. 35:1의 비율이란 것을 알 수 있습니다. 이 정도면 높은 수치입니다. 일반적으로 얼굴이 드러난 방송이면서 시청자가 어릴수록 구독확률이 높고
얼굴이 안나오는 짜깁기한 정보영상일수록 구독확률이 낮습니다. 이 비율이 너무 낮다면 내 영상 퀄리티를 올리든지 구독할 만한 기대감을 줄 수 있는 요소를 만들어줘야 합니다

section - 01 유튜브 스튜디오 분석법

네 번째. 48시간 조회수

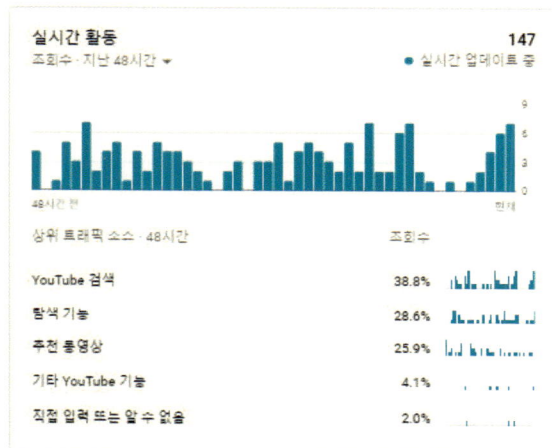

'동영상 분석'의 '개요' 페이지에 나오는 수치로 구독자수가 어느 정도 쌓인 것을 확인 가능하면 이 수치를 통해 앞으로 이 영상이 얼마나 많은 조회수가 나올 지 예측이 가능합니다. 구독자가 적을 때는 예측이 어렵습니다.
그리고 영상을 업로드한지 몇 달 후에 갑자기 '유튜브 알고리즘'에 의해 영상이 추천되고 떡상하는 경우도 있으니 48시간 조회수가 낮다고 실망하지 마십시오.

YouTube   유튜버의 수익모델

11
p230

유튜버의 수익모델
유튜브 생존 가이드

1. 유튜버의 수익모델   p232
2. 유튜브를 통한 디지털콘텐츠 판매   p234
3. 유튜브 채널 수익화 승인   p235

유튜브 생존 가이드

다음 파트

자동재생

부 록

유튜브 생존 가이드

유튜브 트렌드

 유튜브 생존 가이드

다시보기

시간을 절약하는 촬영과 편집

 유튜브 생존 가이드

다시보기

유튜브 영상 업로드

 유튜브 생존 가이드

다시보기

11 유튜버의 수익모델

section 01 유튜버의 수익모델

유튜버에게는 광고수익만 있는 것이 아닙니다.
유튜버로서 수익창출할 수 있는 방법들을 소개해봅니다.

- 01 유튜브 광고수익
- 02 유튜브 프리미엄의 수익분배, VIP 구독자들의 구독료
- 03 유튜브 라이브에서의 슈퍼챗 기부금 (별풍선같은 것)
- 04 PPL, 광고대행, 수익배분 형태의 상품 판매
- 05 자신의 브랜드나 샵 개설 후 상품판매
- 06 유튜버의 굿즈 판매 (책, 인형, 티셔츠 등)
- 07 유튜브 인기를 기반으로 한 오프라인 행사
- 08 제휴 마케팅
- 09 공중파 진출, 콘텐츠 판매
- 10 강연
- 11 유튜브 인기 기반으로 가게 운영 (동업형태 이름만 거는 식도 가능)
- 12 책 출판

유튜브 채널을 운영하면 개인이 MBC, SBS, JTBC 같은 1인 방송국 미디어를 갖게 되는 겁니다.
일정 규모 이상 성장하면 할 수 있는 것이 너무 많습니다.
나에게 호감있는 내 채널의 구독자들이 무엇을 원하는지 확인하고 상품을 판매할 수도 있습니다.

section - 01 유튜버의 수익모델

요즘은 유튜버가 본인이 디자인한 티셔츠를 와디즈같은 크라우드펀딩 사이트를 통해 판매하여 단기간에 몇 천만원대의 매출을 올리는 경우가 흔합니다.
3만명 정도의 구독자수를 가진 유튜브에서 티셔츠를 한번에 3,000만원 이상 파는 걸 보면 판매의 공식이 바뀌는 것 같다라는 생각이 듭니다. 마케팅을 몰라도, 브랜드가 없어도 시청자들은 본인들이 좋아하는 유튜버가 판매하면 구매하게 됩니다.

인터넷이 없을 때는 집에서 개미를 키우는 사람이 전국 각지에 흩어져 있었다면 지금은 인터넷을 통해 집에서 개미를 키우는 사람들을 온라인상에서 만큼은 한번에 모을 수 있습니다. 온라인 덕에 공간의 제약이 사라진 거죠. 굉장히 마이너한 분야라 하더라도 유튜브를 통해 관심있는 사람들을 집결시킬 수 있습니다.
유튜브로 본인을 특정 분야 전문가로 브랜딩하여 교육이나 상담 콘텐츠를 판매하는 게 유튜브로 수익낼 수 있는 가장 쉬운 방법 중의 하나입니다.

해당 분야에 대한 정보가 국내에 잘 공개되어 있지 않고 높은 비용을 받는 것이 가능하다면 구독자 1,000명 내외에서도 큰 수익을 발생시킬 수 있습니다.
제가 아는 분은 1,000명 정도 커뮤니티에서 100만원 이상의 교육을 팔아 월 1,000만원 이상을 가져가기도 하셨습니다.

유튜브 광고수익으로 생계를 유지하려면 한달에 100만 이상의 영상 조회수가 나와야 합니다.
참 힘듭니다. 유튜브 광고수익 말고 유튜브를 통해 수익낼 수 있는 다양한 방법들을 찾아보십시오.
제가 가장 추천드리는 것은 특정 분야에 대해 공부하고 그 분야의 교육이나 상담을 진행하며 유튜브는 사람들을 모으는 목적으로 활용하는 것이 현명한 방법이라고 생각합니다.
유튜브 광고비에 눈을 돌리신다면 구독자 2,000명대에서도 한달 500만원 이상을 가져가실 수 있습니다.
극단적인 사례로는 유튜브 구독자 100명 이하에서 영상을 통해 1억 이상의 일거리를 수주하신 분도 있다고 합니다. 그 분같은 경우는 한 건의 가격이 워낙 비싸다보니 가능한 일이었을 것입니다.

PPL 광고 같은 경우도 유튜브 광고비와 비교할 수 없을 만큼 높게 책정되는 경우가 많습니다. 구독자 1만명 정도의 여행채널에서 100만원의 광고를 받기도 하고 대형채널은 스마트폰 리뷰 한번에 1,000~2,000만원을 받기도 합니다. 물론 작은 채널의 경우 비용없이 물건으로 비용을 대체하거나 몇십 만원 정도의 광고비를 받습니다.

유튜브를 '도구'로 생각해보세요. 유튜브는 지금 사람들을 모으는데 가장 효과적인 도구입니다. 저희도 유튜브를 시작한지 9일만에 수익을 낸 적이 있습니다. 그 당시 올라간 영상은 총 4개였습니다. 영상 설명란의 링크를 통해 카카오톡 상담으로 시청자의 연락을 받았고 이후 비용을 받고 상담서비스를 진행하였습니다.

PART - 11 유튜버의 수익모델

section 02 유튜브를 통한 디지털콘텐츠 판매

유튜브를 시작하고 짧은 기간내에 100만원 이상의 온라인 교육을 수백개 판매한 분이 있습니다.
비즈니스 관련 유튜버였고 유튜브를 통해 돈을 많이 벌 수 있다는 환상, 성공이라는 환상을 시청자들에게 보여주었습니다.

유튜브에서는 기초 수준의 무료강의와 성공에 대한 멋진 이미지를 영상으로 제작하였고 유튜브와 연동되는 온라인 강의 사이트도 같이 운영하였습니다. 짧은 무료 소책자도 같이 제공하셨는데,
그 분의 콘텐츠가 그만한 가치가 있는지 의문이 생겼습니다.
해외 온라인 사이트인 udemy.com 에서는 단돈 15,000원이면 수만 명이 수강한 최고 평점의 강의를 들을 수도 있는데도 많은 분들이 높은 비용을 지불하고 이 분 강의를 수강하였습니다.
이 분같은 경우는 유튜브 광고비로 돈을 번 것이 아니라 유튜브를 홍보매체로 철저히 활용했기 때문입니다.
유튜브는 내가 지정한 유튜브 채널에 광고를 할 수 있는데. 이 점을 이용해 비즈니스 관련 유튜버들의 영상에 본인 광고를 세팅하여 고객을 모았습니다.

이런 방식의 전략을 정리해보면 다음과 같습니다.

▶ 전략 정리의 예

▶ 필요한 것 : 영어능력, udemy.com 강의 중 돈될 만한 분야 선택

▶ imweb이나 wix를 통한 사이트 구축
  (언급한 두가지 서비스는 10시간 정도면 대부분의 기능을 마스터 가능함)

▶ 해당 분야 소책자 제작. 추후 무료로 제공

▶ 해당 분야에 대한 저수준의 콘텐츠와 유료 서비스에 대한 기대와 신뢰를 얻을 수 있는 콘텐츠
  유튜브에 업로드

▶ 해당 분야 유튜버들의 영상에 광고

이 분이 이런 방식을 처음 사용하는 것도 아니고 해외에는 이런 방식으로 교육 콘텐츠들의 판매가 많이 이루어지고 있습니다.

section 03 유튜브 채널 수익화 승인

많은 분들이 유튜브 채널 수익신청 승인 기준에 대해서 궁금하게 여기실 겁니다.
이에 유튜브의 공식적인 수익화 관련 페이지 링크를 첨부합니다.

유튜브에서 채널을 검토할 때 확인하는 사항은 다음과 같습니다.

- **01 유튜브 채널의 테마, 주요 주제**
- **02 조회수 많은 영상들**
- **03 최근에 올린 영상들**
- **04 영상의 메타데이터(제목, 섬네일, 설명란)**

유튜브 커뮤니티 가이드라인에 위배되는 콘텐츠는 다음과 같습니다.
이런 콘텐츠는 가급적 피하십시오. 물론 커뮤니티 가이드라인 위반 콘텐츠라 해도 위반 정도에 따라 수익창출 승인이 납니다. 예를 들어 성적인 콘텐츠가 가이드라인 위반이지만 현재 많은 성적인 토크 채널들이 수익창출 승인이 나고 있는 상태입니다. 그 기준은 딱히 명확하게 제시된 사항이 없으니 현재 광고가 보이는 유튜브 채널들을 보시고 참고바랍니다.

- **01 스팸, 사기, 기만적인 콘텐츠**
- **02 성적인 콘텐츠**
- **03 아이의 안전에 위협이 되는 콘텐츠**
- **04 유해하거나 위험한 콘텐츠**
- **05 특정 인종, 국적, 종교, 성별을 증오하는 콘텐츠**
- **06 온라인상의 따돌림이나 괴롭힘 콘텐츠**

PART - 11 유튜버의 수익모델

다음은 애드센스 지침을 위반하는 콘텐츠입니다.

- **01** 한 채널에서 콘텐츠들이 매우 유사한 내용들로 구성되어 있을 때

- **02** 원본 영상 하나를 말의 속도나 높낮이를 수정해 여러개로 만들었을 때

- **03** 유사한 반복 콘텐츠, 시청자들이 볼 만한 가치가 낮은 무의미한 콘텐츠

- **04** 변조, 대량 생산 또는 프로그래밍 방식으로 생성된 콘텐츠

- **05** 시청자들이 볼 만한 가치가 낮은 영상 슬라이드나 텍스트 스크롤 방식 콘텐츠

- **06** 다른 사람의 콘텐츠를 재수정하여 짜깁기한 경우

2018년도 경 동남아시아 쪽에서 파이썬이란 프로그램을 통해 뉴스를 수집한 후 음성으로 변환시켜 관련 이미지와 함께 자동으로 영상을 만들어주는 프로그램이 소수에게 유행한 적이 있습니다.
이 사람들이 한국에도 다양한 이슈채널들을 만들어 자동화 영상으로 수익을 가져갔습니다.
현재는 이 방식으로 수익내기 어려운 것으로 압니다.

다음은 수익화가 허용되는 항목입니다.

- **01** 대화를 다시 쓰고 목소리를 바꾼 영화의 한 장면

- **02** 원본 영상을 보고 의견을 제시하거나 리액션 하는 영상

- **03** 다름 사람의 영상에 줄거리나 해설을 추가하는 영상

유튜브의 정책대로 유튜브가 운영되는 것은 아닙니다.
채널 경고를 받았는데 도저히 원인을 찾을 수 없는 경우도 있고, 정책 위반된 콘텐츠가 맞는데 꾸준히 채널을 운영하는 경우도 있습니다. 정확한 내용은 영어로 된 원문을 참고해 주시고요.
이 정책은 시간이 지나면 변경될 수 있습니다.

section - 03 유튜브 채널 수익화 승인

유튜브 수익화 신청시 필요한 최소 자격요건

YouTube 파트너 프로그램 신청 시 체크리스트

기준을 충족하면 누구나 YPP에 참여 신청을 할 수 있지만 YouTube 가이드라인을 준수해야 합니다. 신청 절차를 따르는 데 도움이 되도록 다음의 체크리스트를 마련했습니다.

1. **채널이 YouTube 정책과 가이드라인을 준수해야 합니다.** 참여를 신청하면, 표준 검토 절차에 따라 YouTube 정책과 가이드라인을 준수하는 채널인지 검토합니다. 이 기준을 충족하는 채널만 프로그램 참여를 승인받을 수 있습니다. YouTube는 프로그램에 참여하는 채널의 YouTube 정책 및 가이드라인 준수 여부를 지속적으로 확인합니다.

2. **구독자가 1,000명 이상이고 지난 12개월간 공개 시청 시간이 4,000시간 이상이어야 합니다.** YouTube 파트너 프로그램 참여 자격을 평가하려면 정보가 필요합니다. 채널이 이 기준에 부합하면 일반적으로 더 많은 콘텐츠가 게시되어 있음을 의미합니다. 이러한 기준은 YouTube가 채널의 정책 및 가이드라인 준수 여부를 충분한 정보를 바탕으로 판단하는 데 도움이 됩니다. 이 기준을 충족한 경우에만 YPP 참여 신청을 할 수 있습니다.

3. **YPP 약관에 서명합니다.** 구독자 수 및 공개 시청 시간 기준을 충족하면 알림이 전송되도록 요청할 수 있습니다. 채널이 기준을 충족하면 다음 안내를 따르세요.
   a. YouTube에 로그인합니다.
   b. 오른쪽 상단에서 프로필 사진 > **YouTube 스튜디오**를 클릭합니다.
   c. 왼쪽 메뉴에서 **수익 창출**을 클릭합니다.
   d. 아직 기준을 충족하지 않는다면, 구독자 수 1,000명 이상 및 지난 12개월간 시청 시간 4,000시간 이상의 기준을 달성할 때 이메일을 받을 수 있도록 **자격요건을 충족하면 알림 받기**를 클릭합니다. 기준을 충족한다면 '파트너 프로그램 약관 검토하기' 카드의 **시작**을 클릭합니다.
   e. 약관에 서명하고 나면 '파트너 프로그램 약관 검토하기' 카드에 녹색으로 '완료' 표시가 됩니다.

4. **애드센스 계정은 1개여야 합니다.** 파트너 프로그램 참여를 신청할 때 수익금을 지급받을 애드센스 계정을 연결해야 합니다.
   a. 'Google 애드센스에 가입하기' 카드에서 **시작**을 클릭합니다.
   - 애드센스 계정이 있다면 이미 승인을 받은 계정을 사용하세요. 한 애드센스 계정에 채널을 원하는 만큼 연결할 수 있습니다.
   - 애드센스 계정이 없는 경우 화면의 안내에 따라 계정을 만들 수 있습니다.
   b. 애드센스를 연결하고 나면 'Google 애드센스에 가입하기' 카드에 녹색으로 '완료' 표시가 됩니다.

5. **검토를 받습니다.** YouTube 파트너 프로그램 약관에 서명하고 애드센스 계정을 연결하고 나면 채널은 검토 대기열로 자동으로 이동됩니다. 그러면 YouTube 자동 시스템과 전문 검토자가 채널의 콘텐츠를 검토하고 모든 가이드라인의 준수 여부를 확인합니다. 신청 상태는 https://studio.youtube.com/channel/UC/monetization 에서 언제든지 확인할 수 있습니다.
   a. **YPP 참여가 승인된 경우:** 축하합니다. 이제 광고 관심설정을 설정하고 업로드 동영상에 수익 창출을 사용 설정할 수 있습니다. YPP에 참여한 지 얼마 안 되는 크리에이터들이 문의한 FAQ 목록 을 확인하세요.
   b. **YPP 참여가 거부된 경우:** 전문 검토자들이 채널의 상당 부분이 YouTube 정책 및 가이드라인을 충족하지 않는 것으로 확인했습니다. 참여가 거부되면 30일 후에 다시 신청할 수 있습니다. 승인 가능성을 높이는 방법에 대한 팁은 FAQ를 확인하세요.

검토 절차

구독자 수 및 시청 시간 기준을 충족하고 YouTube 파트너 프로그램 약관에 서명하고 애드센스 계정을 연결하고 나면, 신청이 대기열로 이동됩니다. 전문 검토자가 채널 전반을 평가하여 YouTube 수익 창출 정책을 준수하는지 확인합니다.

채널 검토를 마치면 결정된 사항을 안내해 드리겠습니다(일반적으로 기준을 충족한 시점부터 1개월 정도 소요).

참고: 1개월 이상 기다려야 하는 경우도 있습니다. 처리가 지연되는 이유에는 평소보다 많은 신청 건수, 시스템 문제 또는 인사 이동 등 여러 가지가 있습니다. 정책 전문가들이 신청을 최대한 빠르게 처리하기 위해 노력하고 있지만 전문 인력의 수는 한정적이므로 지연이 발생할 수 있습니다.

신청 절차를 더 빠르게 진행할 수 있나요?

아니요. YouTube팀에서는 우선 처리 절차가 없습니다. 모든 신청은 대기열로 이동하며 접수된 순서대로 처리됩니다. 채널의 YPP 자격요건 충족 여부를 놓고 여러 검토자의 의견이 다른 경우와 같이 채널을 여러 번 검토해야 하는 상황이 있습니다. 이 경우 검토가 여러 차례 진행되므로 결정을 내리기까지 시간이 더 걸릴 수 있습니다.

PART - 11 유튜버의 수익모델

'유효한 공개 동영상 시청 시간'이란 무엇인가요?

모든 시청 시간이 YouTube 파트너 프로그램 기준에 포함되지는 않습니다.

유효한 공개 동영상 시청 시간으로 포함되는 경우는 다음과 같습니다.

- 공개로 설정한 동영상의 시청 시간

다음 유형의 동영상에서 발생한 시청 시간은 YPP 기준에 포함되지 않습니다.

- 비공개 동영상
- 일부 공개 동영상
- 삭제된 동영상
- TrueView 캠페인

기준을 충족하면 자동으로 YPP에 참여하게 되나요?

아니요. 기준을 충족하는 모든 채널은 표준 검토 절차를 거치게 됩니다. 전문 검토자가 채널 전반을 검토하여 YouTube 수익 창출 정책을 준수하는지 확인합니다. YouTube 정책과 가이드라인을 준수하는 채널만 수익을 창출할 수 있습니다.

신청 후 내 채널 수치가 기준 밑으로 떨어지면 어떻게 되나요?

공개 동영상의 유효 시청 시간 기준을 충족하게 되면 YouTube에서 검토자에게 채널 검토를 요청합니다. 따라서 검토 대기 중에 구독자 수나 시청 시간이 기준 밑으로 떨어지더라도 문제가 없습니다. 기준을 충족하여 YPP 참여 신청을 했다면 계속 YPP에 적합한지 검토합니다.

하지만 YouTube에서는 채널이 6개월 이상 비활성 상태이거나 커뮤니티 게시물이 업로드 또는 게시되지 않은 경우 재량에 따라 채널의 수익 창출 자격을 박탈할 권리를 보유합니다.

YouTube 수익 창출 정책을 위반한 채널은 시청 시간과 구독자 수와 관계없이 수익 창출 자격을 잃습니다.

YouTube 부록

부록
유튜브 생존 가이드

1. 후기와 짧은 팁 모음   p242
2. 3개월 안에 구독자 1000명 만들기   p247
3. 참고도서   p249
4. 유튜브 컨설팅의 실체   p253

유튜브 생존 가이드

다음 파트

자동재생 ●

유튜브 트렌드

유튜브 생존 가이드 ✓

다시보기

시간을 절약하는 촬영과 편집

유튜브 생존 가이드 ✓

다시보기

유튜브 영상 업로드

유튜브 생존 가이드 ✓

다시보기

유튜브 무료 온라인 강의

유튜브 생존 가이드 ✓

다시보기

PART - 부록

section 01 후기와 유튜브 팁모음

이 책이 선생님의 유튜브 채널 운영에 도움이 되길 바랍니다. 2020년인 지금 유튜브를 시작하시는 분들은 점점 늘어나고 있고 기존 대형 채널들은 충성구독자들을 매월 차근차근 모으고 있습니다.
이런 상황에서 우리가 수십만 채널이 되기는 힘들지만 수천~ 수만명대의 채널로 성장은 가능합니다.
나를 좋아해 주는 사람들을 많이 만들 수 있습니다. 내가 무언가 할 때 응원해 줄 수 있는 사람들이죠.

유튜브를 시작하기는 쉽습니다. 진입장벽이 높지 않기 때문이죠. 누구나 채널을 5분이면 만들 수 있습니다.
그 다음에는 소수를 제외하고는 95%가 중도 포기하고 마는 개미지옥입니다.
사실 내 영상에 대한 문제점을 분석하고 개선해 나가면 안될 수가 없습니다.
내가 잘하고 있나 못하고 있나를 볼 수 있는 지표는 2가지입니다.
클릭율과 시청 지속시간입니다. 클릭율을 높이려면 소재의 선택, 섬네일 이미지, 영상 제목을 통해 개선할 수 있습니다. 시청 지속시간을 높이려면 영상을 재미있고 흥미롭게, 필요한 정보로 채워 만들어야 합니다.

저는 다양한 유튜브 채널을 보는 게 취미입니다.
무수히 많은 유튜버들을 보았는데 시청자들이 좋아할만한 영상이 안되는 경우는 거의 보지 못했습니다. 편집할 때 '이 정도면 되겠지' 하는 생각이 든다면 거기서부터 출발하여 다시 편집할 부분들을 찾아보십시오. 퀄리티가 애매하면 운에 영향을 많이 받지만, 너무 마이너한 주제가 아닌 이상 누가 봐도 재미와 완성도를 갖춘 영상은 운의 영향을 거의 받지 않는다고 합니다. 아직은 그렇습니다.
유튜브가 TV 방송이라면 채널경쟁 때문에 히트할 영상이 못뜨는 경우도 있겠지만 우리가 좋은 주제를 선정하여 뜰 영상을 만들면 히트하게 됩니다.

지금부터 짧은 유튜브 팁들을 나열해보겠습니다.

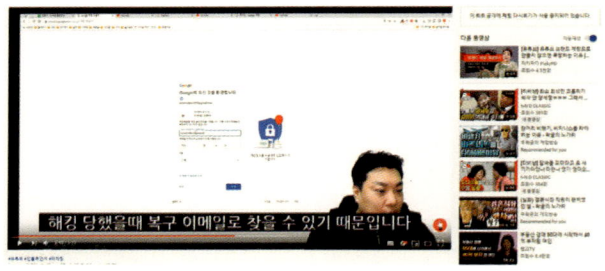

이미지를 보면 우측에 여러 영상의 섬네일이 보입니다. 사람들이 많이 클릭하는 건 상단에 위치한 섬네일입니다. 이 섬네일의 위치는 유튜브 알고리즘이 결정합니다. 무조건적으로 섬네일이 문제가 있어 클릭율이 낮은 것은 아니란 이야기이지요. 내 영상이 더 하위권에 있어서 클릭되지 않는 경우도 있습니다.

section - 01 후기와 유튜브 팁모음

다만 하단에 위치할수록 클릭했을 때 유튜브 알고리즘 가점이 높다라는 이야기가 있으니 섬네일은 가급적 정성들여 제대로 만들어야 합니다.

🔴 시청지속률을 높이는 방법을 몇가지 소개합니다.

첫 번째. 뻔하게 만들면 안됩니다. 부드럽고 자연스럽게 영상이 흘러가면 안됩니다. 물론 목적이 자연스러운 힐링 영상이라면 모르겠지만 그게 목적이 아니라면 영상에 의외의 요소가 존재해야 합니다. 영상을 보는 시청자가 지루해지면 안됩니다. 지루한 영상 부분에서 시청자는 바로 이탈해버립니다.

두 번째. 1분에 한번씩 웃음의 포인트를 넣으십시오. 그냥 영상을 쭉 제작하는 게 아니라 중간중간 시청자가 집중하거나 웃을만한 포인트가 있어야 합니다. 수능강사들이 강의 도중에 재미있는 썰을 푸는 것처럼요. 영상 중간에 갑자기 '재미있는 이야기 해드릴까요?' 이렇게 들어가라는 게 아니라 영상 진행 중에 웃길만한 요소나 드립, 유행어, 또는 내가 만든 밈 등을 넣어두는 것이 좋습니다.

세 번째. 쓸데없는 부분을 다 잘라내야 합니다 말을 더듬거나 의미없는 부분들, 잔기침 소리도 제외하세요. 늘어지는 부분도 제외해야 합니다. 어떤 블록버스터 영화에서 몇억을 들여 촬영한 폭발씬을 영화의 흐름을 방해한다는 이유로 편집한 채 개봉한 적이 있습니다. 몇억을 쏟아부은 장면인데도요. 우리가 찍은 영상은 그렇게 많은 제작비가 드는 게 아니니 불필요한 부분은 아깝더라도 과감하게 버리십시오

🔴 롤모델 정하기

채널 운영초기에는 롤모델 채널을 정하고 그 사람의 영상을 처음부터 따라해 보세요. 계속적으로 영상을 개선해 나가면 잘될 수 밖에 없습니다.
많은 분들이 유튜브는 존버하면 된다고 하는데 존버도 존버 나름입니다. 생각도 변화도 없는 존버는 답이 아닙니다. 극단적으로 3년 동안 1,000여 개의 영상을 올렸는데도 구독자 수가 단 1,000명에 머문 채널을 본 적이 있습니다.

🔴 유튜브 알고리즘

유튜브 알고리즘은 최대한 시청자들이 유튜트에 오래 머물 수 있는 영상을 추천하도록 설계되어 있습니다. 수백 개의 복잡한 수식으로 이루어진 유튜브 알고리즘 수식을 우리가 알 필요는 전혀 없습니다. 두가지만 기억하시면 됩니다. 클릭율과 시청지속률. 그리고 유튜브 알고리즘의 궁극적인 목적은 시청자들이 만족할 만한 영상을 찾는다는 것입니다.

지속적으로 업데이트되는 유튜브 알고리즘에 대해 연구할 생각마시고 어떻게 하면 시청자에게 만족을 줄 수 있는 영상을 만들지 고민해보십시오. 유튜브 알고리즘이 전부라면 유튜브 직원이 만든 채널이 엄청나게 유명해졌겠지만 유튜브 알고리즘 하나도 모르고 그냥 영상 재미있게 만들어서 많은 조회수를 얻는 유튜버가 많습니다. 유튜브 알고리즘이란 허상을 쫓지 마십시오. 그냥 영상 재미있게 만드시고 구독자 반응, 유튜브 스튜디오 체크하셔서 개선하시면 됩니다.

정보성 교육 유튜버의 맹점

지식채널을 운영한다면 유튜브에서 너무 고급 과정을 제공하지 마십시오. 수학책도 보면 집합부분만 중점적으로 풀고 그 다음 진도는 깨끗하듯이 유튜브에서는 정보를 누가 쉽고 재미있게 전달하느냐가 중요합니다. 난이도가 있는 부분은 따로 영상을 찍어 홈페이지나 카페를 통해 제공하거나 채널을 새로 개설하는게 낫습니다.
기존 구독자들 영상보다 다 이탈해버립니다. 유튜브에서는 최대한 시청자들을 넓게 가져가야 합니다. 어떤 교육채널은 쉽고 짧고 재미난 영상만 찍기도 합니다. 그 분들이 몰라서 그 다음 고급 내용을 안찍는게 아닙니다. 더 영리하게 채널을 운영하는 방식입니다. 일단 쉽고 재미있는 부분으로 다가가 다수의 사람들을 모은 후 그 다음은 따로 유료과정 등을 통해 제공합니다.
자기 지식에 대한 과신, 나 정도의 사람이 이 정도의 내용을 알려주니까 사람들이 많이 보겠지? 라고 생각하고 완전히 무편집으로 그냥 영상을 찍어 올리는 경우가 있습니다. 제가 구독한 채널 중에서는 정말로 해당 분야 유료에 해당하는 부분을 조명도 없고, 편집도 없이 한큐에 찍어서 올리시는 분이 계십니다. 심지어 섬네일도 대충 만들고, 내용은 좋습니다만 구독자는 몇 년이 지났는데도 1,000명 내외였고 현재는 유튜브를 중단하신 상태입니다. 아마 '이 정도 수준의 정보를 제공하는데 안보다니 사람들은 바보구나' 라고 생각하실지도 모릅니다만 사람들이 내용을 살펴보기 위해 몇 분간의 영상을 보려면 일단 몰입해야 하는데 몰입을 방해할 정도로 형식에 있어 성의를 갖추지 않았습니다. 예를 들어 유튜버 신사임당님 편집 안한다고 하시는데 최소한 그 정도 수준, 조명, 괜찮은 마이크, 괜찮은 스마트폰, 배경, 대본 정도는 갖춰야 합니다.

장비 욕심 내지마세요.

유튜브를 중도 포기하는 사람의 비율이 90%는 될 겁니다. 괜히 쓸데없이 수백 만원짜리 카메라 사는 경우는 없었으면 합니다.

🔊 편집에 욕심부리지 마세요.

심한 경우 6개월짜리 편집 강의를 들으시는 분이 있던데 사실 편집을 어느 정도 하시는 분들은 굉장히 많고 그 부가가치가 상당히 낮아졌습니다. 기본적인 컷편집과 템플릿을 사용한 효과들은 일주일만 배워도 할 수 있습니다. 인터넷에서 템플릿을 다운받아 사용하면 간단히 구현할 수 있는 효과들을 스스로 0부터 100까지 순서대로 실행하여 구현하는 건 전문 편집자가 아닌 다음에야 굉장한 시간낭비입니다. 어렵게 배워서 사용하는 영상 효과들 대부분 누군가는 템플릿 형태로 만들어 온라인을 통해 제공하고 있습니다. 더 나아가 모션그래픽까지 배우는 사람도 있는데 유튜브에서 필요한 편집은 그다지 어려운 편집이 아닙니다.

사실 3시간 정도면 기본적인 편집은 다 배울 수 있습니다. 편집 배울 시간에 소재찾고 콘텐츠를 기획하시는 게 훨씬 효율적입니다.

🔊 괜찮은 퀄리티의 영상인데도 안뜨는 경우

실제로 있습니다. 영상 퀄리티에 문제가 없고 배우도 매력적이었습니다. 다만 소재가 평범하고 해당 콘텐츠에 어울리지 않는 말투와 음악 등 미묘하게 맥락이 맞지 않는다는 느낌을 주었습니다. 그래도 어느 정도 성과는 나올 줄 알았는데 내용에 비해 조회수가 너무 안 나왔습니다. 그리고 편집이 너무 과해도 반응을 못 지 얻하는 경우가 있습니다. 과도한 특수효과는 배우보다 특수효과가 더 주목받는 상황을 만들었지 않았나 생각해 봅니다.

🔊 편집을 잘한다는 것

우리가 편집자 칭찬을 할 때는 편집이 전면에 드러나는 수준의 노골적인 효과가 아니라 상황에 맞는 컷편집과 자막을 통한 강조, 적절한 효과음과 이미지 등입니다. 뭔가 자극적이고 멋진 영화같은 특수효과가 아니라 영상의 흐름과 맥락에 맞게 적절한 자막, 효과, 이미지, 소리 등을 넣어 다듬는 것이 편집이라그 봅니다.

편집자를 따로 구하지 않은 이상 편집은 시간과의 싸움입니다. 편집시간을 줄이려면 즉흥적인 영상이 아니라 사전에 각본이 필요합니다. 필자는 아프리카 BJ들의 영상을 편집하시는 분들이 참 대단하다고 생각합니다. 길게는 6시간 분량의 동영상을 편집하려면 2번 이상은 영상을 봐야 합니다. 그 중 재미있는 부분만 뽑아내서 짧은 영상클립 여러 개를 뽑아내는데 그 BJ에게 애정이 있지 않으면 하기 힘든 작업입니다. 너무나 많은 시간이 소모됩니다. 생방송이 아니더라도 1시간 분량의 영상을 보내주고 편집해달라 맡기시는 분들이 있습니다. 1시간 분량의 영상을 편집하여 5분으로 만들려면 영상 결과물은 5분이지만 편집자는 무편집본 1시간짜리 영상 2번은 봐야 합니다. 각본이 있다면 다릅니다. 5분짜리 영상을 찍기로 했으면 해당하는 대본을 미리 작성합니다. 그리고 영상에 들어갈 말들만 녹화합니다. 간단한 컷편집은 작업한 상태로 편집자에게 넘기시는 것도 좋을 듯 합니다.

PART - 부록

⦿ 4K영상 찍어야하나?

4K로 영상 촬영하면 용량이 너무 커집니다. 컴퓨터 사양이 높지 않다면 편집하고 인코딩하는데 한 세월입니다.
아직까지 TV로 유튜브를 보는 시청자는 드뭅니다. 4K 영상은 가급적 찍지 마세요.

⦿ 영상 앞부분 15초가 왜 중요한가요?

보통 영상 시작 후 15초 이내에서 가장 많은 사람들이 영상에서 이탈합니다.
가장 중요하고 이 영상을 끝까지 볼지 말지를 결정하는 15초 구간에 긴 오프닝 영상을 넣는다던지 자기 소개하고 뜸들이면 절대 안됩니다.
바로 본론으로 들어가거나 영상의 하이라이트, 가장 흥미로운 부분 또는 이 영상을 왜 봐야 하는지에 대한 내용을 넣으십시오. 영상 앞부분 15초는 영화의 예고편과 같다고 보시면 됩니다. 영상 앞부분이 가장 중요합니다.

section 02 3개월 안에 구독자 1000명 만들기

먼저 선택해야 합니다.

(●) 검색 기반으로 갈지

(●) 관심사 기반으로 갈지

시기성이 있는 소재로 찍을지...
사람들이 많이 관심있어 하는 소재를 찍을지..
평범한 브이로그나 소재는 절대 안됩니다.
먹방, ASMR, 코미디 등은 정말 제대로 찍어야 됩니다.
여기서 주의할 것은 좋은 장비로 완벽한 영상을 찍으라는 이야기가 아닙니다.
그 사람과 관련이 있는 알만한 그런 영상이죠
그리고 처음에 누구를 타겟으로 할지 정하고 영상을 찍는 게 낫습니다. 그 다음에 지속적으로 하다 보면 구독자가 늘어날 것입니다. 그 다음엔 구독자가 원하는 영상을 찍는거죠.

대부분의 유튜버들이 초반에 성장할 때 구독자수는 J자 커브를 그리며 성장합니다.
첫째 달 100명, 두 번째 달 200명, 세 번째 달 300명이 아니라 어느 순간 한 영상이 조회수가 급격하게 올라가면서 나머지 영상들까지 전체적으로 조회수가 올라갑니다.

3개월 동안 구독자수가 100명 이내였다가 한달 만에 10,000명 까지 구독자가 늘었다는 사례도 있습니다. 영상 전부가 다 히트하는 게 아니라 영상 하나의 조회수가 폭발하면 나머지 영상들의 조회수도 동반 상승하는 구조입니다. 영상이 히트하는 것을 '떡상'이라고 부릅니다.
만약 내가 찍고 싶어하는 것만 찍으면 구독자 1,000명 만들기도 힘듭니다.

유튜브를 시청만 하는 사람들에게는 구독자 10만도 많은 숫자로 보이지 않습니다.
10만이면 오히려 적은 것도 같고요. 하지만 막상 해보면 구독자 1만은 신이고 1,000명도 부러울 겁니다.
왜냐하면 유튜브 시작 후 한달 동안 구독자 100명도 채 넘기지 못하는 경우가 대부분이기 때문입니다. 하지만 계속해서 다른 사람들에게 보여 줄 영상을 만든다는 것을 인지하고 개선해 나간다면
수익창출까지는 갈 수 있습니다.
그러나 대부분 실패하는 유튜버들은 일관되게 기존 영상 패턴을 고수하는 경우가 많습니다.
1,000개의 영상을 올렸는데도 아직 구독자가 500명도 채 되지 않는 경우도 보았습니다.
통계표를 보면서 노출클릭율, 시청 지속시간에 신경쓰고 영상을 개선해 나간다면 실패하기가 오히려 힘든 게 유튜브입니다.

section 03 추천서적

책이름 : 유튜브 시크릿

내용 : 어떻게 유튜브를 운영해야 하는지 유튜버 전략에 대해서 학습합니다. 유튜브를 오랜 기간 경험해봐야 알 수 있는 내용들을 손쉽게 알수 있습니다. 필독서.

작가의 말 : 이 책을 통해 독자들은 시청자를 확보하고, 수입을 창출하며, 사업 또는 개인 브랜드를 성장시키고, 전 세계와 자신의 메시지를 공유할 수 있는 방법, 원칙, 팁, 단계와 전략을 배울 수 있을 것이다. 이는 20년에 걸친 우리의 플랫폼 경험과 다양한 분야에서 성공을 이룬 유튜버들과 진행한 100개 이상의 인터뷰를 바탕으로 한다.

유튜브를 시작하는 목적이 자선, 또는 비영리적인 사유에 대한 노출을 높이고자 하는 것일 수도 있고, 취미와 관련된 커뮤니티를 형성하기 위한 것일 수도 있다. 또는 금전적인 수익을 얻거나 슈퍼스타가 되는 것이 꿈일 수도 있다. 어떤 목적이나 상황이든 독자들은 그것에 필요한 기술을 배울 수 있다. 더 많은 구독자, 더 많은 팔로어, 더 많은 소득을 가져올 수 있는 기술 말이다.

'이 책을 읽고 실천하면 여러분들도 반드시 유명한 유튜버가 될 것이다'라고 약속할 수는 없다. 하지만, 이 책을 통해 저자들이 성공하게 된 모든 원칙을 공유할 것이고, 현재 유명한 유튜브 크리에이터들의 성공 비결도 배울 수 있다. 노력할 의지만 있다면 이 책은 여러분을 유튜브 인플루언서가 되도록 이끌어 줄 것이다.

책이름 : 된다! 김메주의 유튜브 영상 만들기

내용 : 유튜브를 시작할 때 알아야 할 여러 가지 기술들을 상세하고 빠짐없이 꼼꼼히 학습할 수 있습니다. 유튜브 플랫폼에 대한 매뉴얼입니다.

출판사 서평 : 채널 기획부터 수익 내기까지 가장 빨리 유튜버가 되는 9가지 지름길.

저자는 자신이 밟아 온 길을 되짚어가며 1년의 시간을 압축해서 근사하게 정리했다. 일상이 콘텐츠가 되는 채널 기획, 스타 유튜버의 편집 기술, 배꼽 잡는 예능 자막, 저작권 걱정 없는 무료 소스 활용법, 충성 구독자를 만드는 실시간 방송, 조회수를 늘리는 운영 노하우, 비밀스러운 유튜브 광고 수익, 사례로 배우는 채널 분석 및 적용, 여러 채널에서 동시에 수익 내기까지 베타테스터 6명의 예비·초보 유튜버가 검증한 지극히 실용적인 9가지 기술을 채널의 성장 단계에 맞게 순서대로 배운다.

이제 막 유튜브를 시작하려는 독자와 출발선이 가장 가깝기에 공감되는 것도 배울 수 있는 것도 그만큼 많다는 것이 이 책의 또 다른 장점이다.

section - 03 추천서적

책이름 : 유튜브 상위노출의 모든 것

내용 : 마케팅 전문가 분께서 쓰신 책으로 기본적인 유튜브 SEO 전략과 페이스북, 구글 홍보 방안을 배울 수 있습니다.

작가의 말 : 유튜브를 소수 크리에이터들의 광고 수입 수단으로 여기던 시대는 끝났습니다. 지금은 마케팅, 홍보, 브랜딩, 세일즈에 동영상을 활용하려는 개인 사업자나 소상공인, 중소기업에게 더욱 절실히 필요한 채널이 유튜브입니다.

이 책에는 유튜브에 업로드한 동영상이 잠재고객에게 보여지도록 하는 도달 원리와 실전 활용법을 상세히 담았습니다. 광고 수익이 목표가 아니라면 동영상의 노출과 조회수를 높이는 것은 실효성이 없습니다.

우리 제품과 서비스를 필요로 하는 잠재고객을 찾아 그들이 원할 때 보이게 하는 것이 관건이므로 다음과 같은 동영상 마케팅 방법론을 제안하고 구체적인 실천 가이드를 제공합니다.

PART - 부록

책이름 : 100만 클릭을 부르는 글쓰기

내용 : 끌리는 제목을 정하는 법과 콘텐츠 제작 법에 대해 배울 수 있습니다.

작가의 말 : 블로그·포스트·유튜브·SNS… 요즘 플랫폼 세계는 철저히 '클릭 or 무시'다. 손끝의 간택을 받지 못하면 글 존재 이유가 없어진다. 뻔한 글쓰기책의 가르침, 그러니깐 두루뭉술하거나 무겁고 고상한 만연체로 이 세계에 뛰어들었다간? 그야말로 순삭이다. 이런 살벌한 세계에서는 클릭 받기 위한 글쓰기법이 절실하다. 주제 살짝 비틀고, 조사 하나 수정하고, 제목 금기어 삭제하고, 뭐 이런 식이다.

《100만 클릭을 부르는 글쓰기》는 '클릭뽐뿌 실전 글쓰기 바이블' 정도로 보면 된다. 3만 개 이상의 블로그, 포스트, 유튜브 제작 노하우를 담았다. 분명, 이런 소리 하는 분도 있을 거다. 지은이가 전문기자라면서 이런 글쓰기가 말이 되냐고. 미안하지만, 말 된다. 이게 먹히니깐.

정통 글쓰기 세계에선 상상도 할 수 없던 초간편, 초스피드 플랫폼 글쓰기! 여기에 수백·수억만 엄지족이 열광한다. 바로 사이트 메인에 올라간다.100만 클릭, 헛된 꿈이 아니다. 일단, 이 책 비법 하나 하나 써먹어보자.

section 04 유튜브 컨설팅의 실체

유튜브 컨설팅 업체에서 무엇을 도와주는지 궁금하실 것입니다.
아래에 일반적으로 진행되는 서비스에 대해서 알려드립니다.

- 기존 채널 콘텝, 콘텐츠 문제점 체크
- 채널 컨셉 재정립, 콘텐츠 일관성
- 수익화 방안 마련
- 스피치, 옷차림, 촬영장소, 장비 점검
- 콘텐츠 소재 제안
- 섬네일이미지, 제목 선정방법 체크
- 영상 콘텐츠에서 개선 부분 점검
- 유튜브 스튜디오, Tubebuddy 같은 전문 프로그램을 통한 채널현황 체크

대략 이 정도 내용으로 컨설팅을 진행합니다.
아직은 유튜브에 대한 정보가 대중들에게 많이 퍼지지 않아서 헤메고 계시는 분들이 많으시지만
다음의 몇가지 사항만 체크해 봐 주세요.

- 채널 컨셉이 명확하고 차별화 되있나요?
- 업로드하는 콘텐츠에 일관성이 있나요?
- 영상에 재미없거나 불필요한 부분들을 모두 걷어내었나요?
- 유튜브 섬네일을 흥미롭게 클릭하고싶도록 만드셨나요?
- 사람들이 많이 검색하거나 트렌디한 소재로 영상을 찍으시나요?
- 유튜브 스튜디오의 통계란에서 사람들이 내 영상의 어떤 부분에서 빠져나가는지 확인해보셨나요?

초기에는 롤모델 채널 하나를 정하고 그 채널의 영상을 따라하시는 것을 추천드립니다.
시청자의 피드백과 유튜브 스튜디오의 노출클릭율과 시청시간 수치에 따라 영상을 지속적으로
개선하신다면 따로 컨설팅을 받으실 필요는 없습니다.

많은 유튜버들이 지인, 유튜브 커뮤니티, 채팅방에서 영상 피드백 요청을 하시는 경우가 많은데 대부분
서로 덕담만 나누는 경우가 많습니다. 인터넷을 통한 피드백보다는 유튜브 스튜디오의 수치를 믿으십시오.

유튜브 생존 가이드

메 모

▶ 유튜브 생존 가이드

머리말

이기훈

(現) (주)쓰리디아이템즈 대표이사
(現) (주)메이커스코리아 대표이사
(前) ORIX 한국에이전시 마케팅전략팀장
(前) 국가기술표준원 미래로드맵위원회 3D프린팅분고-위원
(前) 미래창조과학부 3D프린팅 고도화 방안 운영위원
(前) 산업인력공단 국가직무능력표준(NCS) '3D프린팅분야' 개발위원

저서 : 블로그를 뛰어 넘는 바이럴 마케팅
　　　3D 프린팅 완전 정복 FUSION 360 모델링
　　　카카오스토리 마케팅
　　　3D 프린터 A to Z
　　　3D 메이커 기획
　　　국가 공인 3D 프린터 운용기능사 한권으로 끝내기

회사 : http://3ditems.net

E-mail : khlee@3ditems.net

서민호

(現) (주)쓰리디아이템즈 경영본부장
(前) 오브젝트빌드 대표이사

Blog : http://blog.naver.com/4984man

E-mail : mhseo@3ditems.net

유튜브 생존가이드

발　　행	2020년 09월 10일 초판 1쇄
지 은 이	이기훈, 서민호
발 행 처	M 메카피아
발 행 인	노수황
대표전화	1544-1605
주　　소	서울 금천구 서부샛길 606 대성디폴리스지식산업센터 B동 3층 331호
전자우편	mechapia@mechapia.com
교육문의	02-861-9042
영 업 부	02-861-9044
팩　　스	02-861-9040
제작관리	조성준
기　　획	메카피아 편집부
마 케 팅	이예진
편집디자인	유동욱
표지디자인	포인기획
등록번호	제2014-000036호
등록일자	2010년 2월 1일

정　가 : 16,000원

ISBN 979-11-6248-095-3 13320

이 도서의 국립중앙도서관 출판예정도서목록(CIP)은 서지정보유통지원시스템 홈페이지(http://seoji.nl.go.kr)와 국가자료공동목록시스템(http://www.nl.go.kr/kolisnet)에서 이용하실 수 있습니다.

- 이 책의 어느 부분도 저작권자나 발행인의 승인 없이 무단 복제하여 이용할 수 없습니다.
- 파본 및 낙장은 구입하신 서점에서 교환하여 드립니다.

(주)메카피아는 오토데스크 공인아카데믹파트너(AAP : Authorized Academic Partner)로 검증된 공인 강사를 통해 전문적이고 표준화된 교육 서비스를 제공하며 기계제조 분야의 현업경험을 토대로 실무적용에 맞춘 제품교육을 진행하고 있습니다.